소리치는 나무

김선진 산문집

소리치는 나무

김선진 산문집

1판 1쇄 인쇄/ 2019년 2월 25일
1판 1쇄 발행/ 2019년 2월 28일

지은이 / 김 선 진
펴낸이 / 우 희 정
펴낸곳 / 도서출판 소소리

등록 / 제300-2007-21호
주소 / 03073 서울 종로구 성균관로 5길 39-16
전화 / 765-5663, 010-4265-5663
e-mail: sosori39@hanmail.net
www.sosori.net

값 15,000 원

*잘못된 책은 바꿔드립니다.

ISBN 979-11-5891-119-5 03810

김선진 산문집

소리치는 나무

내 삶을 엮으며

모든 것은 흘러가기 마련이다.

무심한 강물과 구름뿐만 아니라 어제도 오늘도 그리고 다가오는 내일도 어김없이 흘러가고만 있다. 가는 세월을 한탄하는 건 지나가는 바람을 붙드는 것과 같다.

길을 나서면 늘 마주치는 나무들의 행렬을 본다. 봄, 여름, 가을, 겨울, 사시사철 나에게 넌지시 던져주는 수많은 묵언들. 언제나 뿌리를 잊지 않고 한 곳에서 튼튼히 버티고 서 있는 나무들. 별은 별이라 하고 달은 끝끝내 달이라 할 수 있는 순리를 내게 가르쳐주고 있다.

요즈음 자꾸만 내 곁을 떠나가고 사라지는 모든 것이 안타까워 부질없이 추억 살리기를 계속하고 있는 나를 발견하곤 한다.

오늘은 오늘만의 것, 시간은 이 순간만의 것, 멈추지도 머물지도 않는다. 세월의 바퀴가 녹슬지 않는 것과 같이 솟구치는 그리움의 우물도 영원히 마르지 않을 것이다.

내 삶은 산 오르기와 비슷하지 않았나 싶다.

젊은 날엔 앞만 바라보며 정상을 향하여 오르고 또 오르기만 했었다. 위만 바라보고 오르기만 하니까 작고 여린 풀꽃들의 손짓도 놓치고 우람하게 서 있는 나무들의 함성도 제대로 들을 수가 없었다. 꽃 피우는 봄날이 열리고 소나기 내리는 여름 한철 그리고 가을 내내 불태우다 산화한 넋이 되어 하얀 겨울이 내리기도 했다.

뒤돌아보면 무수히 찍힌 발자국이 수북하다. 내 삶을 엮어가는 나의 흔적이다.

어떤 문학적인 가치를 나타내기보다 내가 걸어 온 진솔한 삶 그대로를 옮겨 놓고 싶었을 뿐이다. 지나온 기억의 발자취를 망각의 늪에 빠지기 전에 한 번쯤 정리하고 싶었다. 지우개로 지우고 싶은 과거일지라도 지나간 것은 하나같이 그립고 소중하다.

“세상은 고통으로 가득하지만 한편 그것을 이겨 낼 일로도 가득 차 있다”라고 헬렌 켈러의 글귀가 떠오른다.

내가 겪은 고통도 내 인생을 담금질로 단련시켜 주는 쓰디 쓴 명약이었음을 노년의 고개 마루턱에 숨차게 오르고서야 비로소 깨우치게 되었다.

한 번 밖에 누릴 수 없는 이 세상에 태어나서 가장 안타까운 것은 이룰 수 없는 꿈을 찾아 끊임없이 헤맸던 우직함과 내가 나 아닌 타인을 사랑만 하면 무엇이든 다 얻을 수 있으리라는 미련함이 죽비가 되어 어깨를 내리친다.

이만큼 살아 온 내 생(生)의 울타리에 갖가지 아름다운 꽃향기로 꿈과 위안을 준 소중한 우리 가족에게 진심으로 사랑한다고 전하고 싶다.

지난날 나와 더불어 맺은 모든 인연을 소중하게 보듬으며 어리석고 부끄러운 내 삶의 궤적을 여기에 펼친다.

2019. 기해년 2월에

金善眞

▶ 차 례

▶ 책을 내면서

1. 빛살과 푸른 그늘

2. 그리울 때마다 부는 바람

3. 오늘도 산을 오르며

4. 추억에 서는 나무

1.

빛살과 푸른 그늘

저물어 가는 카페

언제부터였을까. 나는 반 고흐의 '저물어 가는 카페'에 푹 빠져서 어디에서건 그 그림만 만나면 신기할 정도로 빠져들곤 했다.

부산여중 3학년 때 이북에서 피난 온 '정자'라는 친구와 친하게 되었다. 그 친구는 그림을 참 좋아했다. 아마도 오빠가 화가 김훈이라고 기억되지만 그 친구 덕분에 나는 고흐의 그림을 많이 알게 되었다. 특히 '저물어 가는 카페'에 대해 애정을 갖고 설명을 해주곤 했다.

나는 성장하면서 늘 고흐의 작품에 관심을 가지고 고흐의 작품 전시회를 찾아가 보기도 했다. 『저물어 가는 카페』 이 그림만 보면 알 수 없는 마음의 안정감이 찾아옴을 느낀다.

고흐는 1888년 세상을 떠나기 2년 전 프랑스 아를에 머물면서 열다섯 달 동안 무려 2백여 점이 넘는 그림을 그렸다. 이 그림은 '밤의 카페테라스'로도 유명하지만 내가 처음 이 그림을 만났을 때 이름은 '저물어 가는 카페'였다. 정확한 제목은 'Cafe Terrace, place du Forum, Arles(아를의 포룸 광장의 카페테라스)'였다.

내가 대학에 입학하여 친구 정자를 다시 만나게 되었다.

중학 졸업 후 이화여고로 간 정자는 독실한 기독교인으로 부산남 교회를 다녔다.

나를 찾아온 정자와 신촌에서 광화문까지 걸어가며 무슨 이야기를 그렇게 많이 했을까.

부산에서 가족들이 모두 서울로 환도한 후 홀로 대신동 산비탈에 숙식하는 친구를 위해 명절 때면 조카를 업고 명절 음식을 갖다 주던 기억이 난다. 갈 때마다 문이 차갑게 잠겨진 것을 지금도 기억해 내니… 결혼 후에도 충현교회에 다니던 친구를 가끔 만났지만 지금은 아예 소식이 두절되었다. 좀 심하다 할 정도로 종교에 남다른 신앙심이 깊어서인지, 나와는 종교적인 대화의 단절을 느껴서인지, 무엇 때문인지 모르게 서로의 소식이 끊어진 지 오래이다.

요즘도 고흐를 떠올리면 정자 생각이 난다. 지금도 독실한 기독교 정신을 전파하면서 노후를 멋지게 보내고 있을까.

나는 오늘도 고흐의 '저물어 가는 카페'를 화집에서 찾아내어 보고 있다. 빈센트 반 고흐는 가난한 사람들과 어둠 속에서 일하는 사람들의 삶을 동경했다. 성경을 읽고 예수의 가르침을 전하고 병든 사람들을 찾아다녔다. 목사였던 아버지는 현실성 없는 생각과 심신이 쇠약해진 고흐를 많이 걱정했다. 동생 테오와의 사랑도 각별했다.

가슴 속에 별을 품었던 영혼의 화가 고흐. 1888년 2월에 아를에 도착 후 이듬해 5월까지 밝은 태양이 있는 전원을 누비며 화가로서 최고의 전성기를 보냈다.

1888년 9월, 아를 시내의 카페테라스의 풍경을 그렸다. 노란색과 파란색이 생동감을 주는 밤하늘에는 별들이 빛나고, 별은 고흐가 가슴 속에 간직하고 있던 그의 이상이었다.

고흐의 국적은 네덜란드이지만 만년을 프랑스에서 보냈다. 1888년 아를에서 고갱과 함께 생활하며 고갱의 화풍에 영향 받기도 했다.

레미의 정신병원에 있던 2년 동안 어둡고 무거운 초기의 작품 성향에서 벗어나 프로방스의 햇볕을 받고 빛나는 그 색채와 유동적인 화법으로 강렬함을 보이기도 했다.

고흐가 세상을 떠나기 3개월 전 '자화상'을 그렸다. 붉은 수염과 갈색 머리카락, 뺨이 움푹 들어간 얼굴이 여과 없이 잘 그려져 있다. 노란 모자를 쓰고 파란색 윗도리를 입고 엷은 색 푸른 나비넥타이를 맨 파란 눈동자의 자화상이 2011년에 동생 테오의 초상화로 밝혀지기도 했다.

1890년 7월 27일, 오베르의 밀밭에서 한 발의 총성이 울렸다. 가슴에 관통상을 입었지만 자신의 방으로 되돌아와 사흘 뒤 7월 29일에 고통의 연속인 37년간의 짧은 인생을 끝마쳤다.

그의 평생을 통하여 거의 한 점도 팔지 못한 그 많은 그림을 동생에게 남겼지만 동생 테오도 그 이듬해에 세상을 떠났다.

함께 생활하던 고갱과 다투다가 면도날로 스스로 한 쪽 귀를 자른 고흐의 얼굴을 보면서, 병마에 시든 고흐의 평생을 읽으면서, 동생인 테오에게 생이 끝나는 날까지 남다른 형제애를 보여주던 고흐의 마음을 아프게 읽으면서, 저녁이 내려앉는 길가의 카페테라스에 앉아 있는 내 모습을 상상해 본다.

샛노란 벽면과 차양, 파란 색깔의 하늘과 흰 별들, 테라스에 빈 의자들, 오래전 가본 체코 폴란드의 길바닥에 유독 많이 박혀 있던 돌로 된 길, 길.

지극히 평화로운 저녁풍경의 아름다운 모습이 왜 이렇게 오랫동안 내 뇌리에 박혀 있는지 도무지 알 수가 없다.

그림도 음악처럼 우리의 영혼을 쓰다듬어 주고 흔들리는 마음을 치유해 주기도 한다.

고가의 그림을 미술관에서 만나기도 하고 화집을 들추거나 더러는 달력에 인쇄된 인쇄물로 만족하며 내 영혼을 살찌워 나가는 방법을 모색해 나간다. 언제까지 그러한 즐거움의 호사가 오래, 오래 이어져 갈 것인지 모르지만 많이 읽고 많이 보고 많이 익히고 싶다.

빗살과 푸른 그늘

연륜이 쌓여갈수록 나무를 바라보는 눈이 달라짐을 느낀다.

젊은 시절엔 나무에 움트는 꽃잎을 보고도 때때로 황홀한 마음에 설레기도 했지만 나이가 무거워질수록 자유롭게 뻗어가는 가지와 나무의 피부와 물관의 소리까지 귀 기울이고 싶어진다. 숲길을 걷다가 뭉툭 베어져 있는 묵은 등걸조차 그냥 지나칠 수가 없다. 왜 베어졌을까. 무슨 나무일까. 나무도 늙어지면 쓸모가 없어 사라져버린 걸까.

내가 사는 아파트 베란다 앞, 제법 튼실한 계수나무는 해마다 봄이 되면 눈 틔우고 잎을 세상 밖으로 내밀어 5월이면 제법 울창한 잎사귀들로 깊고 푸른 그늘을 드리워주었다.

해마다 그 나무의 고마움에 틈만 나면 '푸른 하늘 은하수 하얀 쪽배엔 계수나무 한 나무 토끼 한 마리' 입 속으로 흥얼거리며 우러러 바라보는 즐거움을 만끽하곤 했다.

그런데 어느 날 나무의 상체가 싹둑 사라진 걸 발견하게 되었다. 무성한 나뭇잎이 자기 집에 내릴 햇살을 가린다고 302호 댁

주민이 잘라버린 것이다. 그 아래층 202호 댁의 분노는 잘 자라 주던 나무의 키보다 더 높이 하늘을 찔렀다. 주민 동의 없이 마음대로 잘라버린 302호 댁. 가가 호호 초인종을 누르며 규탄의 동의서에 날인을 요구하던 202호 댁의 성토는 베란다 너머 기웃대며 훔쳐보던 까치 내외와 구구구 아침잠을 깨우던 비둘기의 쉼터에도 전해진 듯했다. 온갖 풍상에도 착하게 잘 자란 계수나무였는데 상반신을 잃고도 층간의 소음에 누구 편도 들지 못해 두 눈과 두 귀를 막고 침묵만 하는 굵고 튼실한 밑동의 나무.

그러던 이듬 해 2월 늦추위가 멈칫한 날, 302호 댁이 돌연 이사를 가고 말았다. 오랫동안 둥지를 튼 이웃이었다. 그러나 도회의 이웃은 사촌이 아니다. 못을 박아도 쉽게 들어가지 않는 아파트 콘크리트 벽처럼 서로가 서로를 모른 체하는 배려에 모두들 아주 익숙해져 있었다. 여름날 무성한 잎사귀는 3층 높이보다 웃자라 302호 댁은 늘 찬란한 빛살이 못내 그리웠고 202호 댁은 울울한 푸른 그늘이 더 없이 좋았기 때문이었다.

이윽고 202호 댁은 실종된 푸른 그늘을 되찾아 잎이 피기를 기다리며 안주하였고 302호 댁은 끝내 빛살이 그리워 잎도 피기 전에 떠나가고 말았다.

한 아파트 건물에, 같은 현관문을 밀치고, 같은 엘리베이터를 타고, 같은 계단을 오르내리며, 층만 달랐지 같은 방향으로 열린 베란다를 통해 늘 바라보던 구룡산, 나날이 같은 방향의 거실과 안방, 건넌방, 식구들과 일용할 양식을 하하 호호 하면서 나누어 먹던 식탁이 있는 부엌.

그러나 요즘의 이웃은 이웃이 아니다. 철벽으로 두텁게 가려진 쉽게 건너 갈 수 없는 섬이다. 모든 게 차단기로 가려져 있다. 모르는 것이 약이 되는 세상이다. 지나간 옛날을 그리워하지도 말자. 그 그리움마저 곳곳의 CCTV로 찍혀지고 있다.

올해도 점잖은 계수나무 가지 끝에 종종걸음으로 매달리는 봄이 또 다시 찾아올 것이다.

꽃으로 하여금

"서울에도 개나리가 피었느냐?"

얼마 전 부산 동래에 계시는 시어머님께서 전화를 주셨다.

남쪽엔 개나리, 진달래며 벚꽃이 지금 한창이라는 꽃소식을 전해오셨다. 계절의 변화와 꽃과 나무를 지극히 사랑하시는 어머님은 분홍색을 유난히 좋아하시는 듯했다. 남녘엔 유독 빠른 걸음으로 찾아온 봄소식에 멀리 있는 며느리에게 분홍빛 새 봄을 전하고 싶으셨나 보다. 어머님의 전화 한 통화에 어느새 내 마음에도 봄이 만발한 것 같았다.

어머님께선 좀처럼 마음의 변화를 겉으로 쉬이 나타내시지 않고 '모든 게 마음먹기에 달렸다'고 매사에 지극히 초연하신 분이시다. 언제나 긍정적이며 명랑하시어 손뼉 치며 노래를 잘 부르시고 김말봉 작사, 금수현 작곡의 '그네'를 참 잘 부르시기도 하셨다.

"세모시/ 옥색치마/ 금박물린/ 저 댕기가/ 창공을/ 차고나가/ 구름 속에/ 나부낀다."를 부르실 때 '저 댕기가' 높은음이 참 부드럽게 잘 올라가는 걸 느꼈었다. 9남매 중의 맏이로 여형제가 여섯 분이나 되었다. 그 이모님, 모두 노래를 잘 부르셨는데 특히 막내 이모님은 동래여고 합창반으로 노래를 참 잘 부르셨다 한다.

지난번 운길산을 찾았을 땐 능선을 타는 발아래 뾰족이 땅 위로 고개를 내민 새싹들을 보고 왔는데 가뭄 탓인지 산길은 건조하고 메말랐었다. 산길을 오르면서 그나마 봄이 마른 나뭇가지 끝에 몽실몽실 맺혀 있어 물오른 새순들로 꿈틀거리는 모습을 실컷 보고 왔었는데….

그런데 어느 결에 이곳 서울의 강남에도 봄이 찾아와 꽃잔치가 한창이다. 학교 담장마다 개나리꽃이 노란 폭죽을 터트리고, 학처럼 고고히 목을 뽑고 선 목련은 수줍게 입술을 오므리고 서 있다. 혼인날 받아 놓은 처녀의 몸짓으로.

내가 다니기 좋아하는 개포동 수도공고 앞길에서 1단지를 향해 가노라면 배꽃, 복사꽃의 눈인사 겨루기가 한창이다. 그 길 가까이만 가도 서로 먼저 피어나려는 아우성으로 눈이 부시다. 옹알옹알, 웅성웅성, 속닥속닥, 멀리서부터 들려오는 부산스러운 소리들이 내 발걸음을 재촉한다. 달 밝은 밤 그 길을 지나갈 때면 무리지어 웃고 있는 하얀 배꽃들의 웃음소리에 넋을 잃게 마련이다. 해마다 배꽃이 피는 달밤이면 언제나 그 길이 눈에 밟혀 온다. 야트막한 야산에 좌우로 늘어서 있는 과수원은 봄이면 예쁜 꽃을 피우고 가을엔 탐스러운 배가 주렁주렁 열린다. 한 입만 베어 물어도 입술에 철철 흐르는 과육, 과즙이 생각만 해도 행복하기만 했다.

지난 주말 북한산에서 만나본 진달래 능선엔 진달래가 제철이었다. 지난겨울 많은 눈이 내렸기 때문에 중부 산간 지방의 진달래까지도 그 색깔이 매우 고울 것이라는 보도가 있었다. 어린 시절 참꽃을 머리에 꽂고 따먹던 기억이 새로워 한잎 두잎 따서 먹어 보았다. 새콤달콤한 맛의 꽃잎이 혀끝을 적시면 나도 모르게 흠뻑 취해 순간, 어린 모습의 내가 보이는 것 같았다. 어린 시절 어느 봄날, 어머니 손을 잡고 오르던 부산 복병산의 진달래꽃 등성이. 온 산을 분홍빛으로 물들이던 그 산의 손짓을 아직도 잊을 수가 없다.

여러 해 전 칠갑산을 뒤덮은 진달래꽃의 기억도 생생하다. 그 산은 첫 산행이었지만 온통 붉은 진달래꽃으로 뒤덮인 산 속의 장곡사도 잊을 수가 없다. 앞산과 뒷산, 세상천지가 꽃 사태인데 그

토록 아름다운 꽃을 바라보면서 왜 마냥 울고 싶은 마음은 또 어인 일인가. 언제나 꽃 피는 이맘때쯤이면 호되게 가슴앓이를 하기도 한다.

사람의 손이 가지 않는 산과 들에 널려 있는 들꽃의 청초함이라든가. 조롱조롱 매달린 채 그믐밤을 환히 비추는 등꽃이라든가. 순백의 웨딩드레스 앞섶에서 가늘게 떨고 있는 백합꽃이라든가. 한 아름의 꽃다발을 안겨 주며 은혼식의 의미를 일깨워 준 친구들의 마음씨라든가. 코발트빛 하늘을 찌르듯이 키를 키우며, 하늘거리던 연분홍빛, 희고 푸른 코스모스의 애절함이라든가. 장지(葬地)의 하관식에서 이 세상의 모든 인연과 함께 묻혀 버리는 국화꽃더미를 바라보아야만 하는 안타까움이라든가. 겨울산을 쩌렁쩌렁 울리며 눈부신 눈꽃의 위용을 잔뜩 뽐내고 있는 벗은 나무들이라든가.

지나치게 아름다운 것은 때로는 우리를 슬프게 하는 것일까. 아름다움은 언젠가는 곧 그리워지는 것이기에, 그리운 것은 저려오는 무한한 슬픔으로 젖어 들게 마련인지도 모른다.

자기만 알고 자기만의 틀 속에서 쉽사리 가슴을 열지 못하는 고슴도치 같은 마음들에 넉넉한 그리움을 한 아름 안기면서 올해도 나는 또 이 봄을 앓고 있다.

치유, 그 시간의 끝자락

지난 8월, 제266대 교황이신 프란치스코 교황께서 우리나라를 다녀가셨다.

여든에 가까운 노구를 이끄시고 온통 절망과 혼돈의 이 땅에 감동과 감격의 빛을 심어 주시고 가신 참 어른이시다.

오랜만에 꽉 막혔던 가슴이 뚫리는 며칠간이었다. 하느님을 믿지 않는 비신자들이라도 교황님의 바르고 겸손하신 일거수일투족의 모습에 많은 느낌을 안았으리라 믿는다. 우리가 살아오며 너무 많이 보아온 위엄과 아주 높은 곳에 근접할 수 없었던 성직자, 종교인들의 모습은 아예 찾아볼 수가 없었다. 무한한 자비와 인자로운 할아버지 같은, 내가 떠맡은 고통의 무게는 무엇이든지 다 어루만져 주시고 품어 주실 것만 같은 교황님께서 우리나라를 찾아오신 것이다.

지난해 봄 베르골리오 추기경이 프란치스코 교황으로 뽑혔을 때 "나를 위해 기도해 주세요." 하고 시골 수도원으로 떠나셨다 한다. 우리나라 방문 중에 충북 음성 꽃동네에 가서 수도자들을 만났을 때 마지막 부탁도 "나를 위해 기도해 달라. 제발 잊지 말아 달라." 고 하셨다. 교황님께선 로마서에 나오는 사도 바울을 무척 닮고 싶으셨을까.

겸손과 검약한 모습으로 하나에서 열까지 솔선수범과 덕목으로 낮은 곳으로 더 낮은 곳으로 품어 안으시는 경이로움. 오랜만에 느껴보는 감동과 마음의 평화가 지속되었다.

"주님이 오십니다! 열린 마음으로 그분을 기다립시다!"

"우리에게 잘못한 사람들을 용서하지 못한다면 어떻게 평화와 화해를 위해 진솔한 기도를 바칠 수 있겠습니까?"

편견을 염려하며 마지막 떠나시면서 남기신 그 말씀이 가난한 내 가슴에 큰 징소리로 울려 퍼진다.

"내게 잘못한 이를 일곱 번 하고도 일흔 번을 용서하라."

사람의 얼굴이 모두 다 다르듯이 마음의 얼굴도 모두 다 다를 것이다.

모가 나거나 둥글둥글 하거나 원형, 삼각, 사각, 오각, 육각, 다각형과 다면체의 여러 마음의 얼굴들.

더러는 사람의 도리를 지켜가며 이치에 맞게 둥글게 둥글게 살아가기도 하고 또 더러는 언제 어디서나 부딪치고 할퀴며 가진 자는 더 가지려고 시기, 질투, 음해, 중상모략으로 점철된 한 생애를 열심히 쌓다가 와르르 무너지기도 한다. 탐욕과 오욕으로 견디다 못해 너덜너덜해질 때까지, 아니 생명이 다 할 때까지 자신의 본 모습을 눈치 채지 못하며 깨닫지도 못하고 한 생애를 마감하는 사람들이 있는지도 모른다.

아량과 배려는 허울뿐 타인을 사랑할 줄도 사랑을 받을 줄도 모르는 어리석고 가여운 사람들의 이야기가 우리의 마음을 아프게 하며 한없이 쓸쓸해지기도 한다.

나무는 바람이 잠들면 나뭇잎도 함께 잠이 든다.

오색무지개 꿈도 마음껏 꿀 수 있으며 물관을 타고 오르는 수액 따라 하늘 높이 팔을 올려 별과 달을 따다 다디단 흙내에 마음 놓고 발을 뻗어보기도 한다. 그러나 때로는 하늘이 터질 듯한 천둥소리를 몰고 와 간이 콩알만 해진 나무는 어느 날 폭풍우에 송두리째 뽑혀져 나가기도 한다. 제 자리를 지키려고 발버둥질치며 남모르게 얼마나 간절한 도움을 청했을까.

바람이 건드리지 않으면 춤추지 않는 나뭇잎처럼 사람 마음의

형상에도 잦은 폭풍우와 우레, 번개가 건드리지 않는다면 마음의 평정심은 또 얼마나 더 성숙해 가고 있을는지.

사람이기 때문에 항상 사람으로 인한 상처가 누구에게나 찾아오기 쉽다.

교황님께선 화해와 용서를 간절히 설파하셨다. 내게 잘못한 이를 "일곱 번 하고도 일흔 번을 용서하라." 하셨다.

상처의 색깔과 두께에 따라 화해와 용서의 시간이 비례할 것이다.

모든 상처의 치유는 시간이라고 생각한다. 그 어떠한 절망도, 그 어떠한 슬픔도, 그 어떠한 상처의 고통도 머물지 않는, 시간이라는 무형의 특성에 고마워해야 할 것 같다. 시간이 약이라고 통상의 사람들이 늘 일러주었다.

모든 것 포기하고 싶은 견딜 수 없는 벼랑 끝 절망도 '시간'이라는 희석액에 잠길 수만 있다면 화해와 용서의 길, 또한 멀지 않으리라.

"일곱 번 하고도 일흔 번의 용서를…."

부 채

부채란 옛 선비들의 장신구처럼 떠오를 때가 있다.

하얀 도포자락을 뒤로 젖히며 갓끈을 늘어뜨린 얼굴을 향해 설렁설렁 부치던 모습을 영화 스크린에서, 연극무대에서 자주 보았던 기억이 난다.

지금은 냉방 기구에 밀려 집안의 장식품으로 진열되기도 한다. 여름만 되면 여기저기에서 얻게 되는 간이 부채들도 켜켜로 쌓여 가지만 사군자의 매, 란, 국, 죽을 운치 있게 잘 그린 부채 전시회가 여러 전시회장에서 열리곤 한다.

2018년, 올여름은 111년 만의 더위여서 그런지 그 폭염은 가히 살인적이라 할 수 있다.

39도, 40도를 넘나드는 숨이 컥컥 막히는 더위에 온열환자가 줄을 이으며 사망자도 수십 명에 달한다고 했다. 길거리의 젊은이들 손에 휴대용 선풍기가 눈에 띄더니 최근 불볕더위엔 어른들의 손에도 미니 선풍기가 들려 있다. 태어나서 올해만큼 더운 여름은 없었던 것 같다.

국민 모두가 살기 어렵다고 아우성들인데 기후마저 이러니 타들어 가는 농작물의 피해, 또한 엄청나다. 농토는 쩍쩍 갈라지며 목마름을 절규하는 산천초목의 아우성을 지구는 과연 듣고 있는지, 우주는 들은 체를 하는지. 사람들이 저지른 이기심이 지구 온난화를 부르더니 이제 그 초입에서 우리는 어느새 고통을 당하고 있다. 앞으로 우리 후세들의 미래는 어떻게 되어 갈까. 심히 우려스럽기조차 하다.

우리나라의 부채는 둥근 부채와 접부채로 구분되는데 합죽선도 접부채의 일종이다.

옛날, 숯불을 담아 대청마루에서 마주 잡고 다리미질 할 때 부챗살이 엉성하고 거친 부채로 바람을 일으켜 재를 날릴 때 사용했다. 깃으로 만든 부채도 서양 영화에서 자주 보았다.

부채의 순수한 우리말은 손으로 부쳐서 바람을 일으킨다는 뜻의 '부'자와 가는 대나무 또는 도구라는 뜻인 '채'자가 어우러져 이루어진 말로서 '손으로 부쳐서 바람을 일으키는 채'라는 뜻이다. 부채를 한자로 선(扇)이라 하는데 이는 집이나 문을 뜻하는 호(戶)자에 날개를 뜻하는 깃우(羽)를 합하여 이루어진 글자로 집안에 있는 날개라는 뜻이다.

종이나 비단이 아직 사용되지 않았던 옛날에는 새의 깃털로 부채를 만들었음이 확인된다.

우리 속담에 "단오 선물은 부채요, 동지 선물은 책력(달력)이라."는 말이 있어 왔다.

단오는 곧 여름철이 가까워 옴을 말하고 단오 부채 중에서도 유독 전주나 남평에서 만든 것이 가장 좋은 것이라 알려져 왔다.

부채를 새우리말 큰 사전에서 찾아보았다.

"손으로 쥐고 흔들어서 바람을 일으켜 더위를 덜게 하거나 불을 일으키게 하는데 쓰는 물건. 가는 대오리로 살을 하고 종이 혹은 헝겊을 발라서 자루를 붙이어 만듦. 태극선, 미선, 합죽선, 부들부채, 까치선, 따위가 있음. 선자(扇子)."라고 밝혀 있다.

1981년도의 어느 여름, 친정어머니께서 여름만 되면 유별나게 땀을 많이 흘리는 내게 나무 살에 꽃무늬 제 모양으로 뚫려 있는 향내 나는 부채를 선물해 주셨다.

그 이듬해 여름, 돌연 소천하신 어머니를 잃고 서른여섯 번의 여름을 맞이했는데도 나는 아직 어머니의 선물인 부채를 사용할 수가 없었다. 어머니께서 주신 선물은 가신 뒤엔 늘 꺼내어 만져보는 게 유일한 나의 낙이었다. 사용한다면 그 물체가 다 닳아져 흔적 없이 사라질까 봐 기회가 나는 대로 열어 보고 만져 보곤 한다.

어머니께서 곱게 기워 주신 갖가지의 골무, 서울 딸네 집에 오실 때도 늘 기도 하시던 108염주, 돌아가시는 날까지 쓰신 일기장, 어머니께서 올 대어 곱게 기운 버선, 자주 입어서 늘 눈에 익은 어머니의 한복 한 벌. 지금도 가끔 남몰래 반닫이에서 꺼내 만져 보곤 한다.

어머니 가신 뒤 올케언니에게 부탁을 드렸다. 겨울이면 늘 입으시던 보랏빛 수놓인 한복 한 벌을 갖고 싶다 했더니 많은 한복 중에 왜 낡은 것을 달라 하는지 모르겠다고 하셨다. 시집 간 딸자식이 자주 보던, 눈에 익은 것이 어머니 본 듯이 소중할 것 같은 내 마음이었다.

이제는 살아생전의 모습과 말씀이 희석이 되어 아득한 전설이 되어 가고 있다. 함께 기억해 주는 형제, 친지들이 모두 떠나가고 있으니 이 얼마나 슬픈 일인가. 이제 내 연륜도 깊어만 가니 어느 누가 이 유산을 나처럼 지켜줄 것인가.

부모가 정성으로 모시던 제사도, 부모가 평소에 즐겨 쓰던 그 무엇도 남아 있는 자식에게 짐이 될까봐 지금부터 정리하라고들 모임에 나가면 자주 듣고 있다.

내 몸도 내 마음대로 못 가눌 때 이 또한 무슨 소용이 있을까. 참으로 쓸쓸한 일이다.

아 아, 내 어머니

창밖엔 매미가 목이 쉬도록 울어대고 더위가 기승을 부리는 한 여름이다. 여름만 되면 산천의 신록과 더불어 늘 되살아오는 어머니에 대한 추억, 여름은 어머니를 앗아간 계절이기 때문인지 나는 이 계절이 달갑지가 않다.

십년이면 강산이 변한다는데 어느덧 두 번이나 바뀌고 남을 세월이 흘러갔다. 할머니 소리를 듣는 이 나이에도 어머니를 향한 무한한 그리움은 어찌할 수가 없다. 감출 수도 없고 숨길 수도 없으며 나이가 더 할수록 자꾸만 자라나는 그리움.

그 옛날 돌아가셨다는 것이 아니라 아직도 어딘가에 계시는 듯하며 이산(離散)의 아픔을 겪고 있는 듯한 마음이다. 내가 드리는 목 멘 말씀을 들으시고 어디선가 나를 향해 달려오실 것만 같다. 그것이 비록 환각, 환영일지라도 내 목숨이 다 하는 날까지 꿈꾸며 좇아가고 싶을 뿐이다. 결코 잡을 수 없는 허망한 꿈일지라도.

이 세상 누구에게나 어머니는 다 계신다. 단 한 분뿐인 어머니를 예찬한 글들도 헤아릴 수 없이 많을 줄 안다. 나는 언제나 어머니를 떠올리기만 해도 금세 명치끝이 아려오며 가슴이 답답해온다. 무슨 말과 무슨 글을 쓴다 해도 어머니의 그 크신 사랑과 희생을 흉내조차 낼 수 없을 것 같아서이다.

어머니는 오남매 중 맏딸로 태어나셨다. 어릴 때부터 부지런하며 지혜로운 슬기를 타고 나신 듯했다. 다른 형제들은 학교를 다녔는데 맏딸이라 그랬는지 어머니는 학교 문 앞에도 못 가셨다 한다. 어릴 적부터 머슴들 밥 하느라 새벽같이 일어나 점잖으신 아버님의 기침소리만 들려도 힘든 줄 모르셨다는 어머니.

열여섯 어린 나이에 얼굴 한번 못 보고 혼례 치르신 어머니. 남편보다 오히려 시아버지의 사랑에 늘 목이 메셨던 어머니.

육남매를 낳아 삼남매를 잃고도 남들 보기에 늘 씩씩해 보였던 어머니. 그 어떠한 어려움이 닥쳐도 눈물 한번 보이시지 않던 어머니. 그런 와중에도 걸핏하면 남의 딱한 사정 봐주다가 한 번도 돌려 받아보지 못했던 안타까운 일들.

늘 참고 참는 것이 몸에 밴 탓인지 가까운 사람들이 아무리 등 돌렸어도, 자다가도 벌떡 일어날 정도로 억울한 배신을 당해도 그 사람을 위해서 매일 잠들기 전과 새벽녘에 꼭 꼭 드리던 어머니의 장엄한 기도 소리.

어머니께선 늘 일러 주셨다.

첫째: 삼월 하늘이 아무리 따스해도 문 열어 두고 앉지 마라. 봄 햇살인가 싶어도 감기 잘 든다.

둘째: 콩나물시루에 물을 주면 금세 물이 다 빠져 내려도 콩나물이 잘 자라듯이, 자식에게도 언제나 좋은 말을 들려주면 이 쪽 귀에

서 저 쪽 귀로 흘러 나가다가 언젠가는 한마디라도 걸리게 된다.

셋째: 가능하면 화를 내지 마라. 오던 복도 되돌아간다.

넷째: 참으면 끝이 있다. 늘 기다리는 사람이 되라.

이 말씀들은 내가 오늘까지 버티며 살아온 지침이 되었다.

오래전 일이었다.

오빠의 신혼 시절, 오빠가 워낙 개를 사랑하여 맹견 훈련소에서 훈련을 잘 받고 데려 왔다는 셰퍼드 개를 우리 집에서 키우게 되었다. 그런데 어느 날, 어머니는 결혼한 지 얼마 안 된 오빠와 새언니를 김해 친척집에 인사시키려고 외출 준비를 하고 계셨다.

오빠는 대문 옆에 만들어둔 개집 앞에서 그날도 훈련된 개를 시험해 보려는 듯 먹이를 들고 어르는 중이었다. 갑자기 훈련되었다는 개가 주인을, 그것도 가장 자신을 사랑해 주는 주인의 손을 덥석 물은 것이다. 순간, 오빠는 개가 장난치는 것이라 생각한 듯싶었다.

그러나 사나워진 개는 달려들며 계속 오빠의 손을 물고 퍽 퍽 씹고 있었다. 가족들은 오빠의 비명소리에 놀라 마루로 뛰쳐나갔다. 어느새 어머니가 맨발로 달려 나가 한 입 가득 물고 있는 오빠의 손을 빼려고 했었지만 어찌할 도리가 없었다. 워낙 성이 많이 난 상태라 그 개는 물고 있는 손을 놓지 않았다.

그때 어머니는 다급한 나머지 당신의 손을 셰퍼드의 입 속으로 집어넣었다. 오빠의 손을 완전히 빼려고 어머니의 다른 한 손도 사나운 개의 입속으로 들어가고 말았다.

참으로 순식간의 일이었다. 셰퍼드의 입은 피로 범벅이 되어 있었다. 오빠의 두 손에서 붉은 피가 뚝뚝 흘러내렸고 새언니와 남동생과 나는 얼어붙은 채 마루 밖으로 한 발자국도 내려서질 못하고 발만 동동 굴리며 애만 태웠다. 어머니는 오빠가 피할 수 있을 때까지 당신의 두 손을 사납기 짝이 없는 미친개의 입 속에 계속 밀어 넣고 계셨다. 마당엔 날뛰는 개에 물린 오빠와 어머니의 손에서 흘러내린 피로 낭자했다.

한 순간의 일이었지만 그때 느낀 어머니의 모성은 평생 동안 나의 뇌리 속을 떠나질 않았다. 지금도 어제인 듯 생생히 기억하고 있다. 어머니의 가슴 저미는 사랑과 희생은 이것만이 아니다. 열거할 수 없을 정도로 많은 사연들이 내 기억에 남아 있다. 가슴 아픈 기억도 많지만 아름다운 꽃다발 같은 어머니와의 추억도 잊을 수가 없다.

이른 봄날 아지랑이 피는 시골 길에서 어머니와 함께 듣던 종달새 소리. 음력 설날이면 통도사에서 올리던 삼일기도에 늘 데리고 가셨던 기억하며 방생하는 어머니를 따라 다니며 바닷물 속에 자유를 찾아 마음껏 헤엄쳐 나가는 물고기의 안녕을 무작정 빌었던 어린 날.

남편의 부름으로 출국하는 세 살배기 외손녀와 딸을 배웅하고 하염없이 김포공항 하늘만 망연히 바라보았다는 어머니.

둘째 출산 후 산후조리가 부실해 끝내 둘째를 친정어머니에게 맡기고 출국했던 정말 가슴 쓰라렸던 옛일들이 필름을 펼치듯 펼쳐지고 있다. 자식들은 어머니에게 끝이 없는 헌신과 희생을 요구만 하는 게 아닐까. 그렇다고 내리사랑을 받은 자식들은 어머니에게 그 사랑을 받은 만큼 거슬러 올려 보내지도 않는다. 내리사랑은 있어도 치사랑은 없다고 하지 않던가. 때로는 자기 스스로 태어나고 자란 듯이 의기양양하게 어머니의 가슴에 깊이 박힌 못이 되기도 한다. 그래도 어머니는 그 사랑을 셈하지도 않으시고 무한정 기다려주기만 하신다. 한평생 타다 소리 없이 꺼져가는 촛불 같은 인생이지만 숨이 멎는 날까지 우리의 어머니는 자식들을 위해 빌고 또 빌고 계실 것이다.

저승꽃으로 얼룩이 간 주름진 얼굴을 합장하는 두 손 끝에 숙이면서 오늘도 어머니는 천상에서 내려다보고 계시리라.

"사랑하는 내 새끼야! 내 새끼야!" 하시면서….

산 · 산 · 산

해거름이 지나고 제법 어둠이 휘장을 두르듯 무겁게 내리는 시각이다. 그러나 아직은 아파트와 아파트 사이의 무성한 수목으로 덮인 산 얼굴이 내 시야에 들어오고 있다. 겨우내 앙상한 나뭇가지뿐이던 앞산이 어느새 연초록의 옷을 벗고 이젠 진초록의 아주 검푸른 초록빛깔의 물감으로 유화를 그리듯이 잔뜩 짙푸르고 있다.

아파트촌이지만 그나마 콘크리트 벽과 벽 틈새로 보여지는 산의 얼굴은 막혔던 숨통을 트이게 하는 한 폭의 동양화라고나 할까. 야트막하게 지어진 노인정 지붕의 붉은 기와 너머로 산은 사시사철 다른 모습으로 손짓하고 있다. 이른 새벽 물안개 자욱한 산자락은 수줍은 아이처럼 숨어 있는 듯도 하다.

식구들이 제각각 일터로, 배움터로 나간 아침나절. 집안일을 끝내고 홀가분한 기분으로 혼자만이 갖는 자유를 무한대로 만끽하며 바라보는 산은 그제야 기지개를 켜고 씻은 얼굴로 다가선다.

유독 구룡산 자락이 잘 보이는 식탁에 앉아 한 모금씩 마시며 음미하는 차 향기는 시간이 흐르는 줄도 모르게 나를 취하게 한

다. 맨 아래층에서 바라보이는 산은 굉장히 높다란 산세처럼 보인다. 바라보면 볼수록 산은 손짓해주는 횟수가 잦아진다. 산은 날 부르며 어서 올라오라고 재촉한다. 이 세상의 어지러움 모두 떨쳐 버리고 산에 오르라 한다. 어서 올라와 산을 배우라 한다.

어린 시절 예닐곱 살 코흘리개가 산엘 올랐다. 산이 무엇인지도 모르고 어른들 손에 이끌려 영축산 백운암에 올랐던 기억이 최초로 산과의 만남이었다. 그 이전에도 올랐었는지는 기억에 없으니까 그것이 생후 첫 산행이었는지도 모른다. 영축산은 경상남도 양산군 순지리를 내려다보는 명산으로 통도 사찰이 그 아래에 있다.

어릴 적 기억으로는 굉장히 멀고 높았던 산이며 나무들이 산비탈에 엎어질 듯이 서 있던 모습이 아직도 기억의 저편 골짜기에 꽂혀 있다.

백운암자까지 오르느라 시간이 많이 소요되었겠지만 해가 져도 내려오지 않는 외손녀를 기다리지 못해 물풍지까지 마중 나와 계시던 외할머니의 모습이 지금도 그림처럼 선연히 떠오른다. 그때 손잡고 가던 어른들, 지금은 거개가 이 세상 사람이 아니며 외할머니 또한 타계하신 지가 오래이다. 대부분의 사람들이 그러하겠지만 어린 시절 외가댁의 추억은 무조건적인 외할머니의 사랑으로 나이가 들면 들수록 더욱더 새로워지며 그리워지는 것인가 보다.

산은 그렇게 해서 어린 나의 기억에 박혀 있었지만 나는 바다가 내려다보이는 항구에서 학교를 다녔고 성장기에는 줄곧 바다와 함께했었다. 갯내음으로 절여진 젊은 시절, 바다는 많은 것을 내게 가르쳐 주었다. 이룰 수 없는 꿈과 삭힐 수 없는 그리움을 밀물과 썰물에 떠나보내는 연습도 말없이 일러주곤 하였다.

결혼을 하고 서울에서의 생활은 아이들이 성장함에 따라 자연스레 산을 찾는 일이 많아졌다. 산우회의 가족으로 근처 북한산의 오묘함을 알게 되었고 설악에서의 겨울등반, 눈 덮인 광덕산에서 빗살처럼 얼어붙은 눈꽃들, 흐드러지게 피어 있던 진달래 산길의 칠갑산의 봄날, 폭우 속에 한라산 정상까지 올랐으나 짙은 안개 때문에 백록담 못물을 제대로 못 보고 하산한 일이 엊그제 같기만 하다.

아이들이 어렸을 땐 곧잘 앞서 올라가던 산행이 요즘은 모두들 제 생활에 쫓겨 좀처럼 함께 오르기가 어렵다.

산은 오르면 오를수록 두려움이 더하고 힘겨운 것 같다. 산 아래에서 정상을 올려다보면 언제, 어떻게 저곳까지 오를까? 매번 난감한 생각이 든다. 그만 오를까 하고 중도에 포기하고픈 갈망에 목이 마르기도 한다. 그러나 한 발 두 발 옮겨 가는 발자국 따라 힘겹지만 산 아래가 아득히 멀어져만 간다. 내가 저 아래에 서 있었건만 어느새 정상까지 올라와 탁 트이는 정복감을 가슴 가득히 느끼기도 한다.

'누구든 뜻이 있으면 언젠가는 꼭 이룰 수가 있다'라는 확신을 나는 산에게서 배웠다.

남들이 편안하게 휴식하고 달콤한 잠 속에 취해 있을 때 부지런한 발걸음은 오르고 또 오르고 있었다. 우리나라는 산악지대라 대체로 산이 많지만 산세 또한 똑같지가 않다. 어느 산이든 그 산 특유의 산세와 기운은 가지고 있는 것 같다.

아침이슬에 반짝이는 푸른 이파리가 금방 살아서 움직이듯 파르르 떨며 말없이 언제나 그 자리에 두 팔 벌리고 서 있는 나무들, 나를 반겨 주는 듯 낯설지 않게 느껴진다. 숲속에 이르면 이름 모를 나무들이 내뿜는 싱그러운 내음과 산새들의 화답하는 지저귐이 나를 무한한 행복감에 젖어들게 한다.

손대면 금방이라도 타들어 갈 것만 같은 가을산의 단풍하며, 겨울이면 입 꼭 다물고 결백을 주장하는 고독한 산, 눈 덮인 겨울산, 사계절을 통해 하나같이 아름다운 산이다.

산에만 오르면 같이 오르지 못한 가족, 친구, 그리운 얼굴들이 생각난다. 이 좋은 산 오르기를 왜 계속 못 할까. 내 다시 하산하면 '내

일부터라도' 매일 그런 결심을 가슴에 새기지만 그 약속 지키기가 산에 오르기만큼 어렵다. 산은 저토록 날 에워싸고 산은 소리 없이 날 부르는데 어찌하여 산에게서 배운 포용과 용서와 인내를 여태껏 실천하지 못할까. 끝내는 산으로 돌아가 산사람이 될 터인데.

오늘부터라도 물결치는 욕망 다독여 잠재우고 빈 손 빈 마음으로 산을 오르면 어떠할까.

어느새 나의 시야에는 어둑어둑 어둠만이 걸어오고 있었다. 산을 밀치고.

내 마음에 머문 태산

지금껏 살아오며 내 마음 속에 머문 사람은 얼마나 될까.

태어나서 줄곧 수많은 사람들과 인연을 맺어 왔다. 시간과 공간에 따라 숱한 인연들이 바람 같이 왔다가 아침 햇살이 오르면 스르르 사라지는 이슬처럼 어느 결에 사라져가기도 했다. 많은 사랑을 받기도 했고 많은 상처를 수용해야 했던 다양한 색깔의 상흔들, 나약한 심상이 감당해야 할 고통들도 시간의 흐름은 좋은 처방약이 되어주기도 했다. 이 세상의 사람들 얼굴이 다 다르듯이 그 성품도 각양각색임을 시간이 다 가르쳐 주었다. 사람을 통해서 기쁨을 알았고 사람을 통해서 배움을 깨우쳤고 사람을 통해서 배신과 좌절과 절망을 살아온 나날만큼 쟁여져 갔다. 그러나 또 날이 밝으면 사람을 찾아 문을 나선다. 나 또한 평생을 함께할 사람을 만나서 여자이기 때문에, 자라온 부평동 친정을 떠나와 지금은 아득한 옛 이야기로 가슴에 머문 동래, 시부모님과의 추억을 새삼 되새겨 보고 싶다.

지난 9월, 부모님의 기일을 맞아 양산 법기리 선영에 다녀왔다. 지난여름에는 큰형님께서 세상을 떠나셔서 큰형님의 묘소에도 참배를 했다. 그날따라 청명한 초가을의 하늘은 더 높이 푸르러 슬픔이 더욱더 밀려왔다. 수십 년 세월을 동래 문씨 댁 며느리로서 법으로 맺어진 형제를, 큰동서 형님을 처음 잃었다. 이 세상, 누구도 막을 수 없는 이별의 아픔을 우리 모두가 안아야 했다. 누구에게나 한 번은 돌아가야 할 하늘나라를 한 걸음 먼저 오르신다고 생각 하지만 남은 자의 아픔과 슬픔은 이루 다 형언할 수가 없었다.

시집오기 전까지 살던 친정에서의 세월보다 갑절의 세월을 맞고 보낸 시댁. 나의 평생을 통해 가장 아름답고 값진 선물은 아버님과의 맺어진 인연이라고 감히 말하고 싶다.

지금도 아버님을 생각하면 절절한 그리움에 가슴이 아려온다.

아들의 혼인 날짜를 받아 놓고 동래 수안동 집 방 벽을 빗자루로 싹싹 쓸어내리시며 새 사람 맞을 준비를 하셨다는 시아버님의 모습을 시어머님께서 여러 번 말씀해 주셨다.

신혼여행에서 돌아온 우리 부부가 큰절을 올리자 첫째는 건강을 잘 보살펴야 꿈을 이룰 수 있다고 하시며 둘째는 부모에게 효도하며 형제 자매간의 우의를 도모해야 하고 셋째는 내 호주머니 속의 넘치는 돈으로 남을 도우지 말라고 하셨다.

그때는 그 말씀이 그리 크게 와 닿지는 않았다. 당연히 어른께서 하시는 말씀이려니 생각했다. 그러나 지금껏 살아오며 아버님의 말씀을 잊은 적이 없었다. 몸소 실천하시는 아버님의 사상과 의식세계를 너무나 많이 보고 느껴 왔기 때문이다.

아버님께선 근검절약이 몸에 배인 탓으로 어느 날 동네 목욕탕을 다녀와 시원한 맥주 한 잔 사드시고 싶어도 그게 아까워 못 먹

겠더라고 하셨다. 휴지 한 장이라도 반 토막으로 찢어 쓰시고 화장실 청소와 자신의 양말은 손수 씻으셨다. 본인을 위해서는 야박하리만큼 엄격하셨으나 주위의 어려운 친척이나 불우한 학생들의 학비뿐만 아니라 생활비도 남모르게 도와주셨다. 정월 초하룻날 그분들이 세배 드리러 오는 모습을 보고 자신을 위해선 그토록 근검절약 하시던 과묵하신 아버님께 또 다시 고개가 숙여졌다.

동기간의 우애를 첫째로 꼽으시며 언제나 화목한 형제애를 바라시던 아버님의 뜻에 따라 육남매 자녀들이 해마다 여름이면 남쪽 바닷가에 모여 며칠을 함께 부대끼며 생활하게 하셨다. 남녘과 북녘에 흩어져 살던 4남 2녀의 형제자매들은 자녀들의 방학에 때맞추어 모두 모였다. 오랜만에 만난 사촌들과 함께 할아버지 할머니를 모시고 대가족이 모두 모여 수영 별장에서, 해운대 바닷가에서, 진하 해수욕장에서, 바닷바람과 새콤달콤한 자두, 수박 잔치, 그리고 묵혔던 생활의 때를 씻게 하는 대가족 간의 큰 웃음소리의 추억은 손자 손녀들의 기억에도 깊게 각인 되었으리라 믿는다.

새해 신정이나 추석 한가위 차례에 가족들이 모두 모여 제상 앞에 엎드릴 때 거실 가득한 아름다운 모습은 이제 추억의 필름 속에 저장되어 있다. 이미 부모님께서 우리 곁에 안 계시고 손자, 손녀들이 하나 둘씩 결혼을 하거나 해외로 이주해 나가서 옛날의 대가족이 보여주는 사랑의 풍요로움이 사라져가고 있다. 며느리들이 모여 음식 장만할 때 소영이 조카가 타주던 커피 맛은 지금도 자주 그리워진다.

어머님을 모시고 '맛 자랑, 멋 자랑' TV프로에 쑥굴레 떡을 선

보이기도 했으며 KBS '전국일주' 프로에서는 시댁의 차례지내는 모습을 3시간여 동안 촬영해 가기도 했다.

바로 밑의 시동생 내외가 부모님과 함께 살았기 때문에 신정과 추석, 조상님의 기일과 각처에서 부모님 뵈러 오는 형제들이 모일 때마다 아이들 숙모가 무척 고달프지 않았을까 예나 지금이나 생각하면 참으로 안쓰러운 마음이다.

아버님(醉石 文喆煥)께서는 전국 문씨 종친회 대종회장(大宗會長)을 맡으셨고, 또한 150년 이상 이어온 재단법인 동래 기영회(耆英會) 이사장직을 10년 이상 맡으시는 동안 국민훈장 석류장을 받으셨다. 그즈음 교육계의 큰 별이셨던 추월영 교장선생님과는 거의 매일 만나시는 각별한 관계이시며, 복음병원의 장기려 박사님과도 교분이 두터워 만나 뵙고 오신 날, 밤이 늦도록 며느리에게도 약주를 권하시며 그분들의 훌륭하신 인품에 대하여 들려주시기도 했다.

1985년 7월, 부산 지하철 1호선 개통 축하식에서는 아버님과 어머님이 부산시민 대표로 전두환 대통령 내외분과 함께 테이프를 자르고 동승하시기도 했다.

일찍이 동부산 로터리클럽 회장직도 맡은 바 있으며, 부산 지역 발전을 위한 공로로 1991년 자랑스러운 제1회 부산 시민 상을 수상하시기도 했다.

매일 무엇이 그리 바쁘신지 외출하시는 아버님께 행선지를 여쭙는 내게 "아가, 나는 오라는 데는 없어도 갈 데가 너무 많구나." 항상 그렇게 말씀 하시고 대문을 나서셨다. 둘째 아이를 밴 만삭이던 내가 7월에 남편의 부름으로 세 살배기 딸을 데리고 출국할 때 "동경의 여름은 '무시 아쯔이(습도가 높은 무더위)'라 엄청 더우니 가거든 꼭 냉방기를 사거라."시며 진심으로 배불뚝이 며느리를 염려해 주시던 아버님. 며느리가 드리는 단 한마디에도 안 된다고 하신 적이 없었으며 언제나 귀 기울여 주시던 아버님.

시집온 지 십여 년이 지난 어느 날, 부산에서 상경하신 아버님께서 도곡동 5층 아파트에서 점심을 드실 때였다. "아가! 너도 문씨 집에 시집온 지 제법 되었으니 속에 있는 말을 좀 털어 놓아 보렴아." 하셨다. 나는 처음으로 듣는 아버님의 말씀에 내심 크게 당황 하였다. "아닙니다. 아버님, 제가 드릴 말씀이 없습니다." 하고 머리를 조아렸다. 아버님께선 연이어 자꾸만 채근하시 듯이 바라보셨다. 하는 수 없이 "아버님! 제가 생 속이라서 그랬는지는 몰라도 시동생, 시누이 형제분들과 같이 결혼 초부터 5년간 살았던 그 시절이 좀 힘들었던 것 같았습니다."라고 용기를 내어 말씀 드렸다. 그 순간, 들고 계시던 수저 떨어지는 소리가 식탁 아래에서 울려왔다. 나는 어떻게 해야 할지를 몰라 떨어진 수저를 집으며 " 아버님! 죄송합니다. 하도 아버님께서 말하라 그러셔서 말씀 드렸는데 제가 잘못 했습니다."라고 어쩔 줄 몰라 용서를 빌었다. 아버님의 말씀을 곧이곧대로 듣고 드린 나의 우둔하고 철없음을 순간 자책하면서 쥐구멍이라도 있으면 숨고 싶은 심경이었다. 아버님께선 한동안 침묵을 지키시더니 "아가! 나는 언제나 네가 행복한 줄만 알았구나. 미안하다. 너의 마음을 못 읽어서…." 하셨다. 그 순간, 소리 없이 흐르는 눈물을 주체할 수 없었다. 아버님의 깊고 깊으신 마음이 그대로 전해오며 내 가슴에 박히는 듯했다.

오래전 첫 아이 백날 치르고 남편은 유학길에 올라 아이의 삼촌들과 고모와 신촌에서 살 때였다. 부모님께서 자주 서울에 오시기도 할 무렵, 어느 날 아버님께서 기차역에 도착하셨다. 언제나처럼 아버님은 마중나간 며느리의 머리를 쓸어내리시며 "아이 에비도 없이 어떻게 잘 지났느냐? 동생들과 어린 것 데리고…." 하셨다. 나는 순간 아버님의 그 말씀에 모든 것이 다 녹아내리며 흐르는 눈물을 감출 수가 없었다. 아버님은 시어른이신데도 어쩜 며느리의 마음을 그렇게 잘 아시고 치유해 주셨을까.

남편이 동경공대 박사학위를 받고 귀국하여 가운과 박사모가 도착한 날, 구산동의 집에 아버님이 부산에서 상경하셨다. 타관 땅에서 공부한 남편의 뒷바라지를 소리 없이 지켜주신 아버님께 가운과 박사모를 입혀 드렸다. 부모님의 은덕을 진심으로 감사 올리면서.

아버님께선 부산에서 올라와 계신 나의 친정어머니를 방으로 부르셨다. 친정어머니는 바깥사돈이라 더 없이 불편하셨지만 아버님의 간곡한 부르심에 방으로 들어오셨다.

"사부인! 이 가운을 사부인께서 입으셔야 합니다. 그동안 많은 수고를 하셨습니다." 하셨다.

아버님과의 잊을 수 없는 추억은 아직도 다 헤아릴 수가 없을 것 같다. 이 세상에서 아버님만큼 훌륭하고 어지신 어른이 어디 또 계실까 물어 보고 싶다.

이러한 어른이신 아버님께서는 미수(米壽)를 맞으신 그 해 가을, 치과에 다니신 게 무리가 되셨는지 그만 병환이 나시고 말았다. 다섯 해 동안 투병생활 끝에 1998년 9월 15일, 93세로 타계하셨으며, 어머님은 98세 되시던 9월 29일, 돌아가시어 올해 3주기를 맞았다.

집안의 두 분 어른이 안 계시니 그 큰 빈자리는 무엇으로 대신할 수 있을까?

모든 소식은 부모님으로부터 들었는데 여기 저기 각 처에 연결된 고리들이 일시에 다 끊어진 듯했다. 집안의 대들보와 기둥이란 기둥은 다 뽑혀버린 듯한 광야에 버려진 고독한 미아 같은 심경이 계속되고 있다.

비록 저 세상으로 가셨지만 아버님은 항상 내 가슴에 살아계시며 생전의 인자한 미소로 지켜 주시리라 믿는다. 절절한 통회와 회한으로 날이 가면 갈수록 고여 오는 이 그리움.

훌륭하고 태산 같으신 아버님! 진심으로 존경하며 사랑합니다. 빠른 등기우편으로 띄우면 그곳에서도 받아보실 수 있으실는지요. 아버님!

어머니의 맛, 어머니의 멋

우리가 살고 있는 이 시대는 자고새고 쏟아지는 음식 문화의 뉴스 속에 하루를 맞고 보낸다. 아침에 눈을 떠 습관적으로 TV리모컨을 누르면 도시나 지방에서나 부지런히 전하는 리포트들의 음식 소개를 듣게 된다. 늘 느끼는 거지만 화려한 고급 식당이나 유명세를 타고 있는 음식점에서의 요리를 보고 있노라면 때로는 즐겁고 때로는 현혹되리만큼 어지럽기도 하며 때로는 느끼한 맛에 보기만 해도 느글거리기만 할 때도 있다. 그러나 산해진미의 많은 음식들이 줄지어 있지만 나를 낳고 기르시며 손수 만들어 주시던 어머니의 손맛이 밴 음식을 한시도 잊어본 적이 없다.

어머님 배 속에서 태어나 성장 과정을 거쳐 사랑하는 사람과의 한 가정을 꾸려가며 어느덧 인생의 가을 중턱에 다다랐다. 최선을 다해 열심히 살아왔다는 차오르는 자만심을 누르고 또 누르는 아집도 지금은 저 발치에서 눈만 껌벅대고 있다. 세월이 흐르면 흐를수록 확연히 떠오르는 옛 시절의 기억들. 그 속엔 언제나 어머니의 푸근한 모습이 떠오른다.

큰 바위같이, 태산같이 내 인생 길 위에 늘 버티고 계신 어머니. 언제 어디에서건 나를 꼭 붙들어 주시는 어머니. 나는 신앙 같은 어머니를 가슴에 늘 품고 여태껏 살아오지 않았나 싶다.

어린 시절부터 어머니의 빛과 그림자는 지금의 이 나이까지 나를 지켜주는 버팀목이 되어 왔다. 어머니는 종갓집의 종부로서 그 많은 제사와 운수업을 하신 관계로 버스가 출고될 때마다 치르던 고사를 나는 늘 지켜보며 자랐다.

요즘엔 누가 집에서 손수 돼지머리를 삶아 수육을 만들겠는가. 귀찮아서라도 전문점에 맞춤 부탁을 하고들 하는데 어머니께선 모든 것은 정성을 들여야 한다고 손수 장만을 하셨다. 젊디젊은 새댁이던 올케언니도 늘 곁에서 돕던 모습이 어제처럼 떠오른다. 며느리는 또 얼마나 힘들고 고되었을까.

돼지머리를 푹 삶아서 뼈를 발라내고 면도칼로 얼굴의 잔털을 다 없앤 다음 닥나무 도마 위에 삼베 보자기를 펴고 어그러진 돼지머리 모양을 바로 잡아 앉힌다. 어느 정도 모양이 잡아지면 펴둔 삼베 보자기로 잘 싸서 그 위에 도마를 다시 얹고 큰 돌을 얹는다. 시간이 흐를수록 돼지기름과 물기가 줄줄이 흘러내렸다.

지금 돌이켜 보면 순 재래식 방법으로 만든 수육이지만 고사가 다 끝난 뒤 차려진 밥상의 수육 한 점과 막장으로 만든 쌈장에 찍은 저민 마늘 맛은 지금도 잊히지 않는다.

어머니께선 무엇이든지 집에서 만드시는 걸 즐겨하신 것 같았다.

가죽나무(소태나뭇과의 낙엽 활엽 교목. 산에 나는데 여름에 백록색 꽃이 핌. 뿌리껍질은 약용함)나는 철이 되면 그 잎을 씻어 물기를 뺀 후 고추장

을 섞은 찹쌀 풀에 가죽 잎을 묻혀 빨랫줄에 널어 말렸다. 마당을 가로지른 빨랫줄마다 풀 먹인 가죽나무 잎이 대롱대롱 매달려 있었다. 다 마른 다음에 기름에 튀겨 밥상에 오르기도 했다.

겨울철 대구(大口:대구과의 한대 심해어)가 많이 나는 해엔 수십 마리씩 사다 내장 손질하여 감나무에 주렁주렁 매달아 자연 건조를 했다. 겨울 밤 모두가 얼어붙는 듯한 추운 계절의 어느 날 밤, 문풍지 소리를 들으며 식구들이 뻥 둘러 앉아 잘 마른 대구를 뜯어 고추장에 찍어 먹으면 그 맛 또한 일품이었다. 지금은 대구 한 마리 사 먹기도 비싼 가격인데 그 시절 그 대구들을 언제 또 다시 자갈치시장에서 만날 날이 올 건가.

어머니는 무슨 날만 되면 증편(기자떡)을 만드셨다. 막걸리를 조금 탄 더운 물에 멥쌀가루를 넣고 반죽하여 불 땐 방 아랫목에 밤새두어 부풀게 한다. 납작한 소쿠리에 둥그렇게 편 후 대추와 석이버섯 채를 얹고 잣도 뿌린다. 그리고 동솥(가마솥)에 놓고 쪄낸다. 지금도 떡집에 가면 기자떡을 사게 된다. 어머니가 그리워서이다. 어머니께서 만들어 주셨던 그 맛은 정말 아니지만, 그 쫀득한 맛은 어디에도 없지만, 나는 그리움을 사듯이 떡을 산다.

약식은 언제나 큰 양푼(다라이)에 중탕으로 만들어 내셨다.

그러나 자라면서 봐온 어머니의 방식 그대로를 따르지 않고 나는 간편하고 빠른 방법으로 압력밥솥에 약식을 쪄내곤 한다.

재료
찹쌀(小斗 1斗) 800g

물 2C반
흑설탕 3C(검다 싶으면 황설탕을 섞어도 됨)
진간장 3T
참기름 3T
계피가루 1T
소금 1t
밤, 대추 적당히(건포도나 곶감도 무방함)
잣 약간

조리법
1. 찹쌀은 한두 시간 물에 불려 건져 둔다.
2. 물 2컵 반을 끓여 설탕을 녹인다.
3. 압력밥솥에 찹쌀을 넣고 녹인 설탕물을 붓는다.
4. 차례대로 재료를 다 넣고 저어서 중불로 조리 한다.
5. 압력솥 벨이 울리기 시작하여 3분 뒤 불 끄고 10분 뒤 뚜껑을 연다.

이 방법은 나의 젊은 시절부터 즐겨 사용하던 것인데 요즘은 얼마나 더 간편하고 맛깔스럽게 만들고 있을까.

어머니에게서 된장, 막장, 고추장 만드는 법도 누누이 전수 받으며 어머니 살아 계실 땐 부지런히 배우며 곧잘 만들어 먹었는데 아파트 저층에 산다는 핑계로 지금은 담그는 것을 기피하고 있다.

된장: 콩 10斗(大斗 1말)
청염 3斗

물 한 동이(두 바케츠)
통깨. 赤고추. 숯

어머니에게서 배운 대로 콩을 씻어 일어 물을 붓고 삶는다. 물렁해지면 건져서 찧는다. 메주로 만들어 엮어서 한 달간 말려 더운데 한 달쯤 띄운다.

그 뒤 씻어 며칠간 말린다. 장 담기 5일 전에 청염을 간물로 후려 놓으면 나쁜 것은 가라앉고 위의 정갈한 간물을 단지에 차곡차곡 넣어둔 메주 위에 붓는다.

맨 위에 대로 만든 발을 얹고 고추, 숯, 통깨를 넣는다. 메주는 음력 10월 초순에 끓이고 담그는 날은 음력 정월 손 없는 말날이 좋다고 하셨다. 고추장은 김장 전후로 하는 게 좋다시며 언제나 찹쌀고추장을 잘 담그셨다. 어머니는 너른 품성을 지닌 통이 아주 큰 어른이었다. 해마다 일 년 양식거리인 된장, 고추장을 항아리 가득 가득 만들어서 어렵고 힘든 사람들에게 나누어 주셨다. 그 많은 제사 때마다 파젯날까지 친척들이 놀다 가셨다. 어머니는 집에서 술도 잘 빚으셨다. 국화주, 동동주, 매실주, 딸기주, 복분자주와 앵두주 까지도.

그리고 겨울만 되면 갖가지 강정을 만들어 시집 간 딸네 집에 보내주시기도 했다. 나는 어머니의 솜씨를 흉내 내려다 배합이 영 안 맞아 실패를 한 적도 있었다.

추석이 가까워 오는 여름 막바지 이맘때쯤 외가댁 마당의 감나무에 조롱조롱 달린 감들의 볼이 발그레해지면 그 감을 따서 항아리에 담는다. 도랑가에 피는 역국대(버들강아지처럼 줄기가 붉은 꽃대)라는 잎과 줄기를 가마솥에 소금을 넣고 삶는다. 그 삶은 물을 식혀서 담아둔 감 위에 붓고 역국대 건더기로 마개를 친다. 겨울방학 때 외할머니 댁에 가면 문풍지가 파르르 파르르 떠는 겨울 밤. 눈 내린 하얀 머릿결을 틀어 올려 비녀를 꽂으신 뒷모습을 보이며 항아리에서 꺼내 주시던 김치 감. 항아리 뚜껑에 가득 담아와 깎아 주시던 그 맛을 수십 년이 지난 지금도 잊을 수가 없다.

오래전 내가 첫아이를 안고 친정에 갔을 때 마침 시골에서 외할머니가 와 계셨다. 어리게만 보였던 외손녀가 시집을 가서 첫딸아이를 안고 온 게 신기하셨던지 나를 자꾸 쓰다듬어 주시고 증손녀를 얼러주시던 그 모습이 눈에 선연하다. 외할머니와 어머니 그리고 나와 딸아이 정(楨)아와 함께 찍은 모녀 4대(代)의 사진이 빛바랜 사진첩에 아직도 정지된 그 모습 그대로 남아 있다. 지금은 뵙고 싶어도 뵐 수 없고 부르고 싶어도 대답이 돌아오지 않는 먼 먼 하늘나라에 계시지만 그리운 이에 대한 무한한 그리움은 시간과 공간을 뛰어 넘어 끝없이 뻗어가는 담쟁이 넝쿨처럼 날마다 밤마다 자라고만 있다. 눌러도 눌러도 감출 수 없이 자꾸만 자라나는 내 그리움들….

자, 이젠 내 친정 쪽 추억은 이만 밀쳐두고 문실(文室)이로 불려지는 시댁의 음식문화를 전하고 싶어진다. 나의 시댁과 친정은 같은 고장의 동쪽과 서쪽에 자리하고 있었다. 즉 동래구 수안동과 중구 부평동의 한 도시 안에 자리하고 있었다.

같은 고장이었지만 풍습과 음식문화는 차이가 있는 듯했다. 신혼여행 다녀온 직후 시어머니께서 남편과 시동생들이 함께 있는 서울 행당동 집에 새마을호를 타고 나를 데리고 상경하셨다. 나는 갓 결혼한 새댁이었다. 어머니께선 이튿날 왕십리 중앙시장에 장을 보러 가게 하셨다. 사와야 할 품목들이 가득 적힌 메모지를 들고서 셋째 시동생과 난생처음 가보는 중앙시장이었다. 다홍치마 연두저고리를 입은 새댁은 시동생의 안내로 그나마 부지런히 장을 보았다.

행당동 언덕배기 집 쪽문으로 들어가 어머니에게 시장에서 사온 장을 보여 드렸다.

드디어 어머니의 장보기 검사가 시작되었다. 그런대로 다 통과가 되는가 싶더니 어머니의 목소리가 높아지셨다. 소갈비를 사오라고 했는데 송아지갈비를 사 왔느냐고.

나는 순간 쥐구멍이라도 있으면 숨고 싶었다. 그 젊은 나이에 어찌 송아지갈비를 알 수 있었겠는가. 순간, 왜 우리 친정어머니는 나를 송아지갈비도 안 가르쳐주셨을까? 공연히 친정어머니만 원망했다. 시어머니께선 다홍치마 입은 새댁이 사러오니 속이고 팔았다 하시며 무척 노하셨다. 그래서 어머니와 시동생과 얼뜬 새내기 둘째 며느리는 다시 그 저잣거리로 달려갔다. 어언 사십여 년 전의 에피소드다.

지금 돌이켜 생각해 보면 왜 그때 어머니께서 며느리를 데리고 장을 보러 가시지 않았을까. 한 번도 가보지 않았던 낯선 곳을 아마도 나를 시험해 보시려고 그리 하셨을까? 지금까지 한 번도 여

줘본 적은 없었지만 어머니께서는 오늘도 95세의 노익장으로 "즐겁게 살으래이." 하신다.

지금도 닭인 멸치젓국으로 담그는 김치에는 마늘을 넣고 탁한 멸치전젓이나 갈치속젓으로 담그는 김치에는 절대 마늘을 넣어선 안 된다는 가르치심이다. 이젠 친정에서 배우고 익힌 습성이나 음식 만드는 것보다 수십 년 익히고 닦아 온 시댁의 풍습에 잘 길들여진 듯하다.

한평생 근검절약이 몸에 배이신 어른이시며 95세에 백내장 수술을 하신 후 얼마 전 치른 베이징 올림픽 뉴스도 잘 보셨다는 어머님.

"아가! 베란다 화분의 장미꽃 색깔이 이렇게 선명하게 예쁠 줄 몰랐구나." 하시며 너무 좋아하셨다.

올 한가위 양산 법기 산소 성묘 길엔 즐겨 드시던 '매운 잡채' 꼭 올리겠나이다.

오로지 바라는 건 부디 건강한 천수(天壽) 누리시옵소서.

1. 귤껍질 안의 흰 부분 긁어내고 곱게 채 친다.
2. 밤 까서 곱게 채 친다.
3. 대추 얇게 저며 채 친다.
4. 석이버섯 씻어 꼭 짜서 이물질 제거하고 곱게 채 친다.
5. 당근 채 썰어 살짝 데쳐냄.
6. 무 작은 사각형으로 얇게 썰어 소금물에 데쳐냄.
7. 콩나물은 발과 머리 따내고 살짝 삶아냄.
8. 잣
9. 석류알

동래의 전통음식 '매운 잡채'는 강 겨자를 사기대접에 넣고 물을 조금씩 부으며 잘 갠다.

겨자가 붙어 있는 대접을 뜨거운 냄비나 솥뚜껑 위에 엎어 둔다.

적당히 매운 내가 있을 때 식초, 설탕, 소금으로 잘 저어 위의 재료를 넣고 잘 버무린다. 적당한 단지에 넣어 숙성시킨다.

재료 준비가 번거로워서 그렇지 입안이 개운하고 맛깔스러운 동래 특유의 전통음식이다.

동래파전과 천연조미료로 볶는 나물 먹거리. 기장에서 나는 생선 뿔때미 찌개와 곤달비 나물 쌈 반찬은 둘이 먹다 하나가 죽어도 모를 우스갯소리가 나올 정도로 정겨운 음식이다. 앙장구(침이 돋지 않은 성게의 일종) 나는 철이 되면 냄비에 넣고 소르르 쪄서 반토막씩 자르면 노란 성게 알이 쌉싸래하고 바다내음이 향긋하기도 하다.

촉촉이 젖은 미역귀를 씹어보면 남녘 바다의 너그러운 품이 그리워진다. 아무리 맛난 음식일지라도 홀로 먹는 그 맛은 어떨까. 누구를 만나 한 잔의 차라도, 아님 음식을 함께 먹는 사이라면 더 이상 무엇이 필요하랴. 사람은 사랑을 나누고 정을 주면서 더불어 살아가는 아름다움을 지녔다. 이 세상 뜨는 날까지 부지런히 만들어 나누어 먹을 것이다.

인연(因緣)

나는 인연이란 낱말을 참 좋아한다.

바닷가 모래알처럼 많은 사람들 중, 나와 얼굴을 익히며 서로의 마음을 확인하고 언제 어느 때 만났더라도 또 그리워지는 그런 사람들.

사전을 펼쳐 본다.

〈인연〉:

1. 서로의 연분. 부부의 연.
2. 어느 사물에 관계되는 연줄.
3. 유래. 내력.
4. 이유. 원인.
5. 인과 연, 곧 결과를 만드는 직접적인 원인과, 그 원인과 협동하여 결과를 만드는 간접적 힘이 되는 연줄(모든 사물은 이 인연에 의해 생멸한다 함).

즉 '인연을 끊다', '인연을 맺다', ' 인연이 끊어지다', ' 인연이 멀다'

오래전부터 피천득 선생님의 「인연」이란 시를 좋아했고 많이 읊기도 했다. 순수 그대로이신 선생님의 반포 집에서 묵주를 선물받아 지금도 잘 간직하고 있다.

여기 선생님의 인연을 옮겨 본다.

인연

피천득

어리석은 사람은
인연을 만나도
인연인 줄 알지 못하고

보통 사람들은
인연인 줄 알아도
그것을 살리지 못하고

현명한 사람은
옷자락만 스쳐도
인연을 살릴 줄 안다

살아가는 동안
인연은 매일 일어난다
그것을 느낄 수 있는
육감을 지녀야 한다

사람과의 인연도 있지만
눈에 보이는 모든 사물이

인연으로 엮여 있다.

사람과 사람 사이, 물질과 물질 사이에서도 인연이 존재하는 것 같다. 누구든 인간관계에서 맺어질 수 있는 일이지만 몇 해 전 우리 곁을 떠나신 시어머님과 양(養)아들 김창종 님과의 관계는 부러운 일이기도 하다.

김창종 박사는 중앙대학교 약학대학 병태생리학 명예교수이며 현재 한국 희귀의약품센터 제8대 이사장이다.

우리 어머님과의 인연은 1960년대로 거슬러 가야 한다. 그 당시, 순천고등학교 재학생으로 경주 수학여행을 다녀오다 버스가 전복되는 사고를 당했다. 친구 세 명이 애석하게도 운명을 달리하고 모두 부산 동래의 대동병원에 입원을 했다 한다. 그 때만 해도 동네가 작고 조용해서 그런지 동래 수안동에 사시던 어머니께서 그 아픈 소식을 들으시고 녹두죽을 끓여 학생들 병실로 찾아가셨다고 한다. 그것도 여러 차례 계속 되니 어느 날 김창종 학생이 친구를 시켜 어머님이 돌아가시는 뒤를 따라가 문패의 주소를 알아왔다고 한다. 그 후 퇴원을 하여 순천으로 돌아간 학생은 감사의 편지를 보내왔다. 어머니께서는 완쾌한 소식이 너무 반가워 답장을 보내게 되었다. 부산 동래의 어머님과 순천 까까머리 고등학생의 편지는 계속되어 그때부터 동서(東西)간의 소통이 오늘날까지 지속되어 왔다.

아버님께선 경상도와 전라도 사이 화합의 다리를 놓는다고 참으로 좋아 하셨다. 버스 사고 이후 30년의 세월이 흘러 장년이 된 그때의 순천고등학교 학생들이 어머님을 찾아와 감사패와 순금 기념 선물을 드리기도 했다.

내가 행당동에서 신혼생활 할 때 셋째 시동생과 동년배라 자주 우리 집에 놀러오곤 했다. 특히 어머니께서 상경해 계실 땐 서울 오신 걸 알기나 한 듯이 꼭 전화를 했다. 어머님과는 텔레파시가 통하는 게 아닐까 늘 신기하게 생각했다. 그 양아들의 대학 입학과 졸업식에도 늘 어머니가 오시곤 했다는 말씀을 훗날 들었다. 50여 년의 세월을 한결같은 마음으로 그 아들은 어머님을 섬겼다. 98세의 어머님께서 편찮으실 때도 부산까지 내려와 어머니의 용태, 그리고 기저귀의 변까지 살피며 용돈도 두둑이 챙겨 드렸다.

오늘날까지도 부모님의 기일에 경남 양산시 법기리 산소까지 빠짐없이 참석하고 있다.

현재의 김박사는 착하고 아름다운 약학을 전공한 아내와 훌륭하게 성장한 두 아들, 며느리, 손주까지 두고 행복한 노후의 삶을 살고 있다.

남편 문한영은 한양대학교 정년퇴임을 두 해 앞두고 사단법인 한국콘크리트학회 회장직을 맡으면서 회원 상호간의 친목과 화합을 도모하며 육체적, 정신적 건강을 위한다는 목적으로 마라톤 동호회도 창설하여 70대 중반 이후까지 15여 년이나 계속하였다.

무엇이든지 한 번 목표를 설정하면 끝을 보는 성품은 마라톤에서도 예외 없이 이어졌다.

잘 알려진 바와 같이 마라톤은 육체적 단련은 물론 동료, 선후배간의 친목과 화합의 도모에도 크게 기여하였다는 생각이 든다. 해마다 열리는 조선, 동아, 중앙일보가 주최하는 국제마라톤 대회에 빠지지 않고 출전하였다.

그런데 그 마라톤의 연유로 남편에게도 양(養)아들이 생겼다. 영천시청에 근무하는 마라토너 이종근, 당시 시장 비서실장이었다. 조선일보 주최 춘천 국제마라톤 대회에서 70대 1위로 수상한 남편과의 첫 인연이 시작되어 어언 십 년에 이르렀다.

성실 근면한 한 가정의 가장으로써 보기 드물게 처갓댁 장모님과 할머니까지 보살피고 있는 모범적인 공무원이기도 하다. 잘 자란 2남 1녀의 자녀를 두었으며, 수백 종의 꽃과 분재를 전문가 못지않게 잘 기르며 독실한 가톨릭 신자인 아내를 끔찍이 사랑하는 드문 애처가이다.

피를 나눈 자식은 아니지만 부모님을 섬기는 말로 표현할 수 없는 정성과 성의에 할 말을 잊게 할 때가 너무나 많다.

나는 때때로 생각한다. '일체가 유심조'라고 모든 것은 마음먹기에 달렸다고.

요즘 돌아가는 세상 물정을 듣고 또 본다. 물질 만능시대로 혈육 간의 고귀한 사랑마저도 사라지고 만사가 재물의 많고 적음에 희비가 엇갈리는 세태. 도덕과 도리는 내팽개쳐 지고 시기와 질투에 두 눈이 멀어 탐욕의 늪에 빠져 허우적대고 있는 모습들을 종종 보고 있다.

탄탄대로의 바른 길을 보지 못하고 가시넝쿨 우거진 길로만 가려고 하는지? 왜 대부분의 우리는 침묵만 지키고 있는지, 죽을 때

유산으로 남기려고 작심을 하는 것인지!

부산에 계시는 임(字) 재(字) 안(字) 어머니.

1982년에 돌아가신 나의 친정어머니와 부산 신창동 원불교 서정 교당의 교우이신 안타원님이셨다. 어머니와는 나이 차이가 있는 그 당시 젊은 인텔리 신도이셨다.

나이 차이가 많아도 전화번호 기재 등 일상생활의 소소한 일들까지 늘 보살펴 드린 것을 어머니 별세 후 유품을 정리하다가 알게 되었다.

안타원님은 갑자기 어머니를 잃은 내게 두터운 신앙심으로 많은 위로를 보내주셨다. 그분과 통화하면 언제나 막혔던 내 마음이 뚫리는 것 같았다. 어머니 기일이 되면 승용차로 양산 석계 산소까지 함께 해주셨다.

이 세상을 뜨신 어머니께 들려드리려고 원불교 기도문과 성가가 울려 나오는 녹음기까지 준비해 와서 원불교 성가까지 불러 주셨다. 평소에 친정어머니에겐 둘도 없는 아우요, 친구이셨다. 내가 어머니 가신 뒤 천주교 영세를 받은 사실을 뒤늦게 아시고 오래도록 마음 아파하셨다.

어머니 돌아가신 지 어언 36년이 흘렀다. 지금도 안타원님께 전화를 드리면 언제나 친정어머니 모습으로 다가 오신다. 멀리 계신다는 핑계로 자주 안부 여쭈지 못한 것을 언제나 송구스럽게 생각하고 있다.

늘 남편에게 잘 하라시며 부산의 싱싱한 해산물, 건강식품 등 우리의 건강도 챙겨 주는 어른이시다. 동래 시어머니 장례식에 오실 때도 귀한 약제를 챙겨 오시기도 했다.

"우리 같은 사이도 없느니라. 대명화 형님 가신 지가 언제인데 선진씨 같은 사람, 또 있을라구?" 하시는 안타원 어머니의 지극한 사랑을 지금까지도 나는 분에 넘치게 받고 있다.

연로하신 어른이시기에 이제 시간이 많지 않을 것 같다. 이제 게으름 그만 피우고 자주 소식이라도 여쭤야 하겠다.

나의 친정어머니도 양(養)아들이 몇 사람 있었다.

모두 친정 오빠로 인하여 맺어졌으나 친오빠 이상으로 가까웠다.

세무서에 근무했던 연식 오빠!

순하디 순한 성품으로 키가 큰 미남형이었으며 친정어머니께 극진히 잘 하시어 중매도 어머님이 하셨다. 오빠가 선보러 갈 때도 초등학교를 다니던 나를 데려간 기억이 난다. 부산여고 선배님이신 양덕경 언니와 백년가약을 맺으셨으며, 큰아들 화성이, 큰딸 화정이 돌잔치 때 참석했던 기억이 새롭고 모두들 훌륭하게 성장했다.

사천이 고향이신 주영 오빠!

부산에 오시면 늘 신창동 우리 집에 머물고 어린 나를 무척 예뻐해 주셨다. 우리가 부평동에 이사를 와 살 때 주영 오빠도 부평동에 이사 와서 상봉 오빠, 남석 오빠, 순석이 조카까지 그 많은 형제들을 보살피셨다. 후에 사업에 크게 성공하여 부산지역에서

명성이 자자했던 자유건설 회장님이 되시었다. 오빠의 동생 사범학교에 다니던 숙희 언니와도 친 자매 같이 잘 지냈으며 나를 끔찍이 사랑해준 기억이 난다.

어머니의 별세 소식에 황급히 귀국한 나와 남편을 주영 오빠와 운서 오빠가 김해공항까지 마중 나오셨다.

영주가 고향이신 운서 오빠!

사진 찍기를 취미로 했던 친오빠와 카메라로 매우 인연이 깊었던 관계로 우리 집에 자주 놀러 오셨다.

오남매의 자녀들을 명절만 되면 차례로 데려와 자랑을 하셨으며 어머니께서도 아이들에게 친손자처럼 잘 해주시었다.

어머니의 속사정을 누구보다 귀 기울여 들어주시고 말없이 어머니의 의논 상대가 되어 어려운 일이 생기면 제일 먼저 달려와 주시던 참 좋은 오빠셨다.

자상한 운서 오빠의 딸자식이 미국인과 결혼하여 우리나라를 뜨자 상실감에 무척이나 허탈해 하셨으며, 알뜰했던 언니도 하나 둘 떠나간 자식들로 인해 허전한 마음을 달랠 길 없어 결국 병환으로 고생하다 돌아가셨다. 그 당시는 지금과 다르게 무척 보수적이어서 사위가 외국인이란 걸 한동안 숨기셨다. 미국 딸네 집에 다녀오실 때도 미국 사위 말은 한마디도 안하셨다. 내 눈에 비쳐진 오빠는 과묵하고 늘 부드러운 신사였다.

모두 칠십 고개 넘기시는 게 그토록 힘이 드셨는지 어머니도 홀연히 떠나가셨고 오빠들도 모두 순서 없이 떠나가셨다.

되돌릴 수 없는 그리움

나의 이화(梨花) 시절은 이른 봄날, 얼음장 밑으로 졸졸 흐르는 물소리에 눈을 뜬 보송보송한 버들강아지와 같이 시작된 것이라고 돌이켜 보고 싶다. 지금 뒤돌아보면 꽃잎같이 화사함도 있었지만 현실과 미래에 대한 암울함으로 이 세상 고뇌는 다 끌어안은 듯이 밤을 지새운 적도 많았다.

지난 오월 총장 공관에서 이대동창문인회 행사가 있어 오랜만에 모교를 찾은 적이 있었다. 늘 그리웠던 이화교를 밟으며 높은 계단 위에 우람하게 서 있는 대강당을 바라보았다.

일주일에 세 번씩 참석하던 채플 시간. 정오시간이 되면 전교생이 구름같이 몰려와 저 우람한 강당 속으로 흡입되듯이 빨려들어 갔었다. 낮 12시가 되면 가차 없이 굳게 닫히던 대강당문. 전교생 선후배와 여러 분야의 교수님들이 두루 참석 하시기에 유일하게 반가운 얼굴들을 뵙는 기회이기도 했다. 물론 채플 출석 체크도 두려웠지만….

1961년, 김활란 총장님에 이어 김옥길 총장님이 탄생하였다.

김옥길 총장님의 대강당 전체를 울리게 하던 카리스마 넘치던 쩌렁쩌렁한 목소리와 곱게 차려 입으신 한복의 맵시 또한 일주일 내내 기다려지던 즐거움이었다.

'한가람 봄바람에 피어난 우리, 성인이 이를 불러 이화라셨다.' 4년 동안 즐겨 불렀던 교가는 지금도 잊히지 않으며 때때로 맴도는 멜로디의 하나이다.

대강당을 바라다보며 휴웃길을 오르니 강의시간에 맞추느라 달려오다가 언제나 이 휴웃길에 다다라 가쁜 숨을 몰아쉬며 천천히 오르던 기억이 새로워진다.

그 당시엔 여대생들이 하이힐을 많이 신어 흙으로 잘 다져진 길이 뾰족한 구두 굽 자국으로 온통 상처투성이었다. 아주 오래전의 전설 속 같은 그 길을 오르면서 한없이 부풀었던 신입생의 싱그러웠던 그 시절이 새록새록 생각나기도 한다.

오늘, 오월에 찾은 휴웃길 담벼락엔 무수한 현수막들로 내 눈을 어지럽혔다.

*여러분을 한국 대학생 5월 축전에 초대합니다.
(해방이화 반미 통일 실천단)
*졸업인증제 전면 철회하라
*민족의 양심으로 미국상품 쓰지 맙시다
*대학 구조조정 비용을 학생에게 떠넘기는 등록금 인상 반대한다
*노동자 생존권 팔아먹는 노사협조주의, 투쟁으로 박살내자!!
*근로자의 날을 노동자의 날로 노동자의 날을 투쟁의 날로 투쟁의

날을 투쟁의 역사로 투쟁의 역사를 노동자 계급투쟁의 역사로!!
*민중생존권 쟁취!! 교육투쟁승리!!
(해방이화 단결사범 112주년 메이데이 실천단)

오늘 오르는 휴웃길은 옛날 우리가 오르던 정겨운 캠퍼스의 그 길이 아니었다.

오래전 우리가 오르내렸던 정겨운 캠퍼스가 아닌 숱한 세월의 흐름을 느꼈다. 그 시절엔 운동장도 엄청 넓게 느껴졌고 박물관 오르는 길옆에 늦여름과 가을을 온통 붉게 장식하던 샐비어 꽃. 오월이면 캠퍼스를 술렁이게 하던 축제의 물결과 무성하게 춤추던 아까시 꽃잎들. 푸르른 녹음 속에서 야외 시화전의 설렘도 있었다.

남녘 바다를 두고 온 시골소녀는 이화교 난간에 기대어 멀어져 가는 기차 꽁무니를 하염없이 바라보며 처음 집을 떠나온 가족에 대한 그리움을 삭이고 또 삭이곤 했다

어머님이 느닷없이 그립고 보고 싶을 때 학교 앞 우체국까지 달려가 전화를 신청하곤 했던 그 시절. 이화교 다리에서 학관까지의 거리가 매 첫 시간마다 왜 그리도 멀게만 느껴졌던지. 유독 개강 후의 3, 4월이 내게 있어선 참 힘든 시기였다. 학관의 으스스한 콘크리트 구조물의 한기는 오랜 세월이 흐른 지금에도 잊히지 않는 기억이다. 요즘도 동창회관에 갈 때면 학관이 있는 담벼락을 쳐다본다. 나의 풋풋했던 젊은 날과 오버랩 되는 심한 외로움 앓이의 조각조각들을. 어느 해였던가, 4월인데도 함박눈이 펄펄 내

려 객지에서의 을씨년스러움과 무엇에든 정을 붙이지 못했던 그 시절의 서울 타향살이의 기억이 아직도 떠오른다.

때때로 서울이 주는 매끄러움 때문인지 지방에서 올라온 나는 이방인의 외로움을 많이 탔던 것 같다.

입학하던 그 해 봄 이대(梨大)학보에 내 졸시(拙詩) 「목숨」이 발표되었다. 마침 현대시론을 강의하시던 양명문 선생님께서 들어오시며 김선진이가 누구냐? 손들어 보라고 하여 촌닭처럼 주눅이 든 내가 손을 조금 들어 보였다. 선생님께선 양 옆으로 길게 늘어뜨린 머리를 뒤로 잘 젖히시며 언제나 양복 차림의 신사이셨고 참 멋쟁이셨다. 그것을 인연으로 나를 보실 때마다 좋은 시(詩) 많이 쓰라고 격려해주셨다. 그러나 그 당시엔 한 번도 시(詩)로써 등단을 해보겠다는 생각은 추호도 없었다. 그냥 시가 좋아서 읽고, 시가 무엇인지도 모르면서, 쓰지 않고는 도저히 솟구치는 갈망을 누를 수가 없어 쓰고 싶을 때 쓰고 또 쓰곤 했을 뿐이었다.

우리 세대만 해도 초등학교 때 6·25를 치르고 4·19와 5·16의 소용돌이 속에 그해 국가고시가 생겨나 대학시험을 보고 체능연습을 해서 이대 강당에서 체능시험을 치렀다.

시험 보는 날 아침 이대 앞 여관방에서 하룻밤을 묵은 어머니와 나는 채비를 하고 있었다. 여관 방바닥에 빼둔 어머니의 틀니를 조신하지 못한 내가 그만 밟아버리고 말았다. 그 틀니는 자른 듯이 두 동강이 났다. 나는 순간 어머니의 꾸지람도 겁이 났지만 불길한 예감에 가슴이 철렁했다. 오늘 시험은 망쳤구나 하는 생각에. 그러자 어머니께선 두 동강난 틀니를 들고 "걱정하지 마라. 치과에 가서 붙이면 딱 붙는 기라. 그러면 네 시험도 딱 붙을 테니 아무런 걱정 말아라." 하시며 안절부절못하는 나를 오히려 안심 시켜주셨다.

평생을 큰 배움 없이 희생과 인내로만 살아오신 어머니의 지혜로움이 그 순간에도 그침 없이 나타나신 것을 오랜 세월이 흐른 지금에도 어제와 같이 생생하게 기억된다.

기말고사를 치르고 방학이 되면 야간열차를 타고 남으로, 부산으로, 내려가던 일. 6·3데모의 회오리바람 속에 조기 여름방학으로 들어갔던 기억하며 6·3데모 날 이대앞 최루탄 세례 속에 문보상회 하수구에 화끈거리던 얼굴을 감싸고 엎드리던 일들이 이제는 모두가 그리운 추억의 갈피, 갈피로 떠올려진다.

대학 4년 동안 내겐 참 소중한 친구들이 있었다. 국문과 62학번 입학생은 50명이 정원이었는데 졸업할 당시엔 43명만 졸업식에 참석했었다. 우리 과 친구들은 모임이 둘로 나뉘어져 경조사와 행사엔 늘 함께 만나곤 한다. 지금도 매월 셋째 수요일마다 반가운 얼굴로 우정을 다지고 있다.

나의 이화 시절, 약대의 희(姬)야 경(敬)아, 미(美)야. 화학과의 선화 같은 친구들, 여고 졸업생이면서 같은 과에 입학한 현자, 숙자. 지금도 내 가슴 저 깊숙이 자리하고 있다. 대학 시절을 캔버스에 그려보라 하면 온통 파스텔 색조로 칠할 것만 같다. 꼬집어 한 색깔로 칠할 수 없는 무지갯빛 꿈들, 이룰 수 없는 꿈일지라도 밤마다 릴케의 '마리아/ 당신이 우심을/ 내가 압니다/ 나도 울고 싶습니다.' A·린드버그의 '우리는 결국 모두 고독하다/ 우리에겐 고독을 버릴 자유도/ 선택할 자유도 없다/ 그저 우리는 고독하지 않은 척/ 행동할 따름이다.' Sara Teasdale의 '잊어버립시다/ 꽃이 잊히듯이/ 한 번/ 금빛으로/ 탔던 불이/ 잊혀져버리 듯이/ 언제까지나/ 잊어버립시다/ 때는 친절한 친구외다/ 언젠가는 우리를 늙게 해줍니다/ 만일 누가 묻거들랑/ 그건 벌써 옛날에 잊어버렸다고/ 말해 주십시오/ 꽃과 같이/ 불과 같이/ 또는 아무도 모르는 눈 속에/ 먼 발자국 소리 같이….' 시를 읊고 또 음미하며 밤을 밝히기도 했다.

젊음이란 그래서 값진 것이던가. 푸르렀던 청춘이었음을 그 청춘을 다 잃고 나서야 손가락 사이로 빠져 나간 모래알을 허망하게 내려다보는 아쉬움이랄까. 유독 친구 희야와의 추억은 더 그랬다. 영화면 영화, 음악이면 음악, 문학이면 문학, 무엇이든지 의기가 통했다. 내가 가장 많이 받아본 엽서도 친구 희야에게서였다. 대학 3학년 겨울방학 때 맹장수술을 한 병실을 밤 새워 지켜주던 친구. 다음 날 전혜린 작가의 세상 버린 소식을 병실에서 맨 처음 들려주었으며 함께 무척 우울해 했던 기억도 새삼 떠오른다. 지금은 아득한 옛 앨범 속에 꽂혀 있는 정지된 추억이지만 나는 나이의 숫자가 더해 갈수록 소중했던 그 시절이 마냥 그리워진다.

인생은 그런 것인가. 가슴 저리던 연정도, 우정도 모두 나이에 업혀 퇴색해가며 몸과 함께 늙어 가는 것이라고, 모든 게 영원할 수 없는 것이라고, 그래서 추억은 아름답고 소중한 보물로 꼭 가슴에 보관하고 싶은 것인지도 모른다.

오래전 고인이 된 숙자는 김기창 화백의 성북동 집 뒷집에 살았다. 명절 때면 서울 객지에 있는 친구를 불러 맛난 음식을 대접해 주곤 했다. 그 부모님께선 부산의 대청예식장을 경영하시어 숙자 어머니의 음식 솜씨는 유명하셨다. 추석 보름달이 뜰 때까지 '사라사데의 지고이넬바이젠' 바이올린 선율을 듣고, 듣고, 또 들으면서 젊음을 노래하곤 했다. 클래식에 목마름을 축이며 '라노비아'를 부르고 '부베의 연인'에 가슴을 설레던 그 시절. 잎사귀 하나에도 의미를 주고 눈빛 하나에도 사랑을 느끼며 젊음이 영원히 계속되리라 믿어 의심치 않았고 무엇을 사랑하느냐보다 어떤 사랑을 얻어야 하나로 밤늦도록 잠 못 이루던 한때도 있었다.

이대 앞 15원하던 진주집의 튀김 알갱이 가득히 뿌려주던 우동맛, 빠리다방과 숙녀휴게실, 그린하우스의 곰보빵과 단팥빵의 맛도 잊혀지지 않는다. 이화서림의 아주머니는 결혼 뒤에도 한 번씩 찾아가는 나를 무척 반겨 맞아주시곤 했다.

국가고시로 뽑히다시피 들어갔던 적은 숫자의 대학 친구들은 그 옛 시절이나 많은 시간과 공간의 강물이 흐른 지금에도 변함없는 우정을 지속하고 있으며 우리과 동기 중에 등단한 친구들도 꽤 많은 것 같다.

대학 재학 중에 천양희(시) 친구가 맨 먼저 문단에 나가고 강추자(희곡), 강청옥(강현미: 시), 김옥경(소설), 김현자(평론), 박선자(시), 손연자(아동문학), 손정자(수필), 홍승희(시조), 홍오선(시조) 등의 친구들은 각 장르의 세계로 잘 걸어가고 있다. 김현자 친구는 이화여대 국문과 교수로 재직하다 정년퇴임 후에도 활발한 문단활동(평론)을 하고 있다. 천양희 친구는 그 어려운 관문을 통과하여 예술원 회원이 되었다. 모두에게 뜨거운 박수를 보낸다.

대학 4년 동안 한 캠퍼스에서 맺은 인연은 보석같이 귀하고 소중하기만 하다.

내 생애를 통하여 영원히 잊을 수 없는 그 이름 이화(梨花)여.

한 번만이라도 그 시절로 되돌아갈 순 없을까?

치유하는 연고

사랑의 말은
상처 난 자국에 바르면
치유하는 연고가 된다
가시 돋친 말은
무형의 비수가
연쇄적으로 꽂혀
뽑아도 또 뽑아내도
상처는 쉬이 아물지 않는다
나를 버리면
나를 놓으면
정녕 아무것도 아닌 것을
이 세상 무엇보다 편한 것을
나를 버리지 못해
나를 놓을 수 없어
어디까지 목소리를 키운다
언제까지 활시위를 당긴다.　　　　　- 졸시, 「말(語) · II」

부모의 몸을 빌려 잉태된 태아는 열 달을 웅크려 잘 성숙되어 세상에 태어납니다. 양수 속을 잘 빠져나와 눈 뜨자마자 자궁 속과 다른 별개의 새 세상을 느끼게 됩니다.

아가들은 희미하게나마 낯선 세계에 익숙해지려고 초점 흐린 눈망울을 이리저리 굴려보곤 합니다. 태어나 자라면서 부모의 품을 잠시나마 벗어나도 엄청난 자극과 상처를 받게 됩니다. 그러다 엄마가 부르는 다정한 목소리와 비릿한 젖내가 풍기는 품속에 안기면 금세 세상을 다 얻은 듯 안심하곤 합니다.

영아에서 유아로 자라 유아원, 유치원, 초, 중, 고등학교를 거치면서 선생님과 친구를 만나게 됩니다. 내가 아닌 너로 인하여 이때부터 나와 너의 상호간의 관계가 형성되며 때때로 상처도 받기 시작합니다. 풋풋하고 아늑한 우정이 깊어지면 그 친구 없이는 하루도 지탱할 수 없게 되고 어딜 가나 그 친구 범주 안에 내가 살아 있음을 느낍니다. 그 무렵엔 절대의 우정이 지배하곤 합니다.

친구 따라 강남도 함께 갈 수 있고 사춘기라는 누구나 겪는 병을 앓기도 합니다.

점차 이성에 대한 눈을 떠며 운 좋게 인생의 반려자를 만나는 인연을 가지게 됩니다. 남자와 여자가 만나 한 가정을 이루고 양가 가족의 구성원이 생겨나며 삶의 기쁨과 슬픔이 켜켜로 쌓여 그 두께가 높아만 갑니다. 대문을 나서면서부터 많은 사람을 만나고, 사랑하게 되고, 그리워하고, 미워하는 애증의 굴렁쇠가 시간처럼 끝없이 굴러가기도 합니다.

'사람이면 다 사람이냐? 사람다워야 사람이지.'

옛 성현의 가르침을 가슴에 새기면서 그런대로 사람답게 살아가려고 무진 애를 씁니다.

가정에서는 부모님의 사랑과 무한한 가르침, 학교에서는 선생님의 훈육 속에 친구들과의 어울림에서 사람 사는 도리를 배워 나갑니다. 그러나 더러는 사람답지 않은 사람을 삶의 길목에서 마주칠 때가 종종 있습니다. 가장 슬프고 가슴 아픈 일이기도 합니다.

아무리 갈고 닦을지라도 이승을 떠나는 그날까지 못 고치는 사람의 인성은 태어날 때 이미 절반은 정해진 듯합니다. 우리는 사람이기 때문에 사람과 더불어 살아가야 합니다. 고래로부터 내가 많이 가졌기 때문에, 때로는 내가 많이 잃었기 때문에 반목과 질시의 화살은 사방에서 수도 없이 날아들게 됩니다. 엄청난 상흔의 살점들은 파인 고랑에 우수수 떨어집니다. 구름을 뚫고 내비치는 햇살처럼 한마디라도 따스한 사랑의 말이 그 고랑에 꽂힌다면 상처는 깜짝 놀라 스스로 그 자국을 감추어 버립니다.

언제 어디서나 위, 아래, 누구에게나 배려 가득한 사랑의 말을 입술에 올린다면 이 험악한 세상이 좀 더 살 맛 나는 세상이 되지는 않을는지요?

가장 가까운 사이일수록 상처의 골은 깊이 파이며 그 아픔을 치유하기엔 참으로 오랜 시간이 소요됩니다. 화해의 강을 쉬이 건너갈 수도 있겠지만 평생을 벼르다 그 강 근처에도 못 가보고 한 번뿐인 생을 마감하는 사람들도 더러 있습니다.

얼마나 어리석고 못난 마음들입니까?

그 알량한 자존심이 언제나 다가가려는 가슴을 막는 철판이 됩니다. 뚫을 수 없는 벽이 됩니다. 철면피 같은 벽을 아우르려고 담장을 한없이 기어오르는 담쟁이 넝쿨의 아우성이 들리지 않습니까?

조금 더 가진 자가, 조금 더 배운 자가, 조금 더 잘난 자가 가슴을 열면 신작로가 곧 환히 보일 텐데 우리는 가장 쉬운 그 길을 두고 먼데서 돌고, 돌고, 또 돌아들 갑니다.

아직도 목적지까지 다다르지 못하고 정답이 없는 어두운 길을 헤매고 있습니다.

2.

그리울 때마다 부는 바람

그리울 때마다 부는 바람

숲체원에는 생명의 소리로 그득하다.

하지가 지난 7월의 어느 날 강원도 횡성군 둔내면과 평창군 봉평면, 방림면 경계에 있는 해발 1,200m의 청태산 숲체원을 '문학의집·서울' 회원들과 방문했다. 발을 들여놓는 순간부터 숲에서 들려오는 뭇 새들의 합창과 울창한 나무들의 정렬된 인사와 파릇한 풀 향기는 답답했던 내 가슴을 탁 트이게 하는 것 같았다.

도회지에서 날이면 날마다 매연과 소음 속에 길들여진 둔탁했던 나의 귀는 어느새 당나귀 귀가 되어 숲에서 들려오는 모든 소리에 서서히 열려가고 있음을 알았다.

청태산 자연휴양림은 인공림과 자연림이 잘 어우러진 곳으로 1993년도까지 화전민의 생활터전이었다. 화전민이 다 떠난 자리에 잣나무를 심었다. 잣나무 꼭대기에 잣 열매가 달려 잣나무 송이 하나에 50개에서 200개의 잣이 열린다고 한다. 솔방울 속의 솔씨가 2년이 지나야 번식을 하는데 잣은 날개가 없어도 다람쥐, 청설모가 먹다가 숲에 보관하여 그렇게 번식이 이루어진다고 한다.

옛날 덴마크가 스코틀랜드를 침략했을 때 덴마크 병사 한 명이 스코틀랜드의 약점을 알아내기 위해 왕이 있는 성까지 들어갔다. 척후병이 다가갈 때 엉겅퀴가 자라고 있어 그 가시에 찔려 들키고 말아 나라를 구했다는 엉겅퀴 꽃도 무성했다.

뿌리에서 지린내가 난다는 노루오줌 풀꽃, 개망초, 초롱꽃, 질경이풀, 뽕나무, 대나무, 참나무, 산뽕나무, 오디열매, 산목련, 까치수염, 여름엔 자라지 않다가 가을이 되면 햇볕 받고 자라는 조릿대, 엉겨서 자라는 벼과의 조릿대는 다른 동물들이 쉬어가는 역할도 하고 겨울잠 자던 곰들의 먹이도 된다. 그러나 조릿대로 인해 다른 식물들이 해를 입고 잘 자라지 못하기도 한다. 흉년이 든 제주도에선 조릿대로 허기를 채웠다고도 한다.

숲은 피톤치드의 보고(寶庫)이며 종합병원이란다. 피톤치드는 1943년 러시아 태생의 미국 세균학자 왁스먼이 처음으로 발표한 말이며 러시아어로 '식물의'라는 뜻의 'phyton'과 '죽이다'라는 뜻의 'cide'가 합해서 생긴 말이라고 한다. 왁스먼은 스트렙토마이신의 발견으로 결핵퇴치에 공헌해서 1952년에 노벨 의학상을 받았다. 삼림욕을 통해 피톤치드를 마시면 스트레스가 해소되고 장과 심폐 기능이 강화되며 살균작용도 이루어진다고 한다.

숲은 ha당 12t의 산소를 방출하고 16t의 탄산가스를 흡수해 사람이 숨 쉬며 살아갈 수 있게 하고 먼지 3.7만t과 이산화탄소 900t, 아황산가스 5.7만t을 흡수한다고 한다.

숲은 여름철 홍수를 막아주고 뿌리가 깊은 나무들이 빗물을 흡수하여 산사태를 막아주기도 한다. 지구에서 생물이 살아갈 수 있게 산소를 만들어 주고 우리에게 휴식의 공간을 만들어 준다. 많은 야생동물의 서식처가 되어주기도 하고 녹지 비율이 30%이하로 떨어지면 사람들이 불안감을 느끼며 심리적 변화를 일으킨다고 한다.

그만큼 숲은 우리에게 소중한 것이다.

숲에 있는 모든 것들은 우리 인간 세상에서 알지 못하는 사이, 서로를 도우며 사랑하고 함께 더불어 살아가고 있다. 눈이 시리도록 쏟아지는 햇살과 밤이면 소나기처럼 내리꽂히는 별 떨기. 바람은 또 누가 그리울 때마다 한 번씩 불어댈 테니 숲은 결코 혼자가 아니다.

함께 살아가는 생명들로 낮이면 낮마다, 밤이면 밤마다 그 어우러져 내는 화음이 푸르게, 아름답게 익어가고 있으니 숲은 처음부터 끝까지 외롭지가 않다.

사람 사는 세상에서 시달리며 지극히 외로울 때 청태산 숲체원으로 들어가 보라!

아니 어디든 숲이 있는 곳이면 어떤 곳이라도 좋을 듯싶다. 숲에만 가면 부서진 마음도 고칠 수 있으며 치유의 손길을 듬뿍 안을 수 있을 것이다. 들숨, 날숨 터질 듯한 가슴을 다독여 주는 낮과 밤이 흙길을 밟고 내려서기도 하며 짙푸른 향기를 온몸 가득 품어 안을 수도 있을 것이다.

나무는 말을 못해도 사랑을 아낌없이 베풀어 주고 있다.

풀잎끼리도 살을 비비는데

- 내가 나에게 쓰는 편지

眞아!

날이면 날마다 이 세상에서 가장 많은 이야기를 건네고 있는 것은 眞이 바로 너일 것이다.

아침에 깨어나서 하루 종일 겁 없이 지시하며 다스리고 또 한없이 어르는 것도 바로 나 자신이리라. 아침이 열리면서 밤이 내릴 때까지 아니 꿈속에서라도 나 아닌 네가 된 꿈은 전혀 꾸지 않는다. 꿈속에서까지 나는 나를 다스리려고 안간힘을 쓰곤 한다. 그만큼 내가 나의 집착에서 선뜻 빠져나오지 못함일 게다. 바꾸어 말하면 내가 나를 버리지 못하는 가장 큰 연유인지도 모른다. 이 세상에 태어나게 해준 부모님보다도 더 속속들이 알게 하는 것은 바로 나 자신일 것이다.

요즘 들어 부쩍 내가 나에게 질문을 던져본다. 살아온 길이만큼 그리움의 길이도 비례하는 건가. 노루꼬리만한 서녘 햇살이 더없이 눈물겹게 아쉬워지는 것, 또한 그만큼 내가 가는 길이 빨리 저

물기 때문이 아니겠는가.

바람이 건듯 불고 지나가면 풀잎끼리도 무심히 살을 비비는데 참 많이도 부대끼며 걸어온 발자국이 등 뒤로 수북하다. 그 발자국 위에 갈잎들이 포기한 듯 떨어져 눕는다.

옛이야기를 훔치듯이 아예 모두 덮어버린다. 나는 얼른 갈퀴로 부지런히 떨어져 누운 갈잎을 쓸어 치울 것이다. 누구에게나 마찬가지겠지만 나에겐 가장 소중하고 아픈 기억들이 살아가는 오늘의 나의 처방전이며 그것은 곧 묻으려야 묻히지 않으며 꺾으려야 꺾이지 않는 그리움, 바로 나만의 처방전이기 때문이다.

세월의 강물이 여울목을 감아 흐를 때마다 몸부림친다. 시도 때도 없이 지칠 줄 모르고 쉴 줄도 모르는 아쉬움은.

세월의 고개를 잠깐 숙였다 들었더니 어느덧 굽이굽이 산비탈이 펼쳐져 있고 그래도 가슴은 언제나 파란 희망으로 수를 놓고 있다. 가슴을 수틀 삼아 갖가지 색실을 한 뜸 한 뜸 정성들여 놓아 보는 것이다. 아마도 내가 사라지는 그날까지 완성품 하나 제대로 못 만들지언정 결코 멈출 수 없는 수놓기를 나는 앞으로도 계속할 것이다. 내 가슴속에서 영원히 마르지 않는 샘물을 퍼 올리는 그날까지 나는 외롭고 쓸쓸한 작업을 해나갈 것이다.

그것이 결코 생채기 가득한 사람과 사람 사이의 빗소리일지라도 나는 결코 우산을 펼치지 않을 것이다. 무작정 쏟아지는 소나기나 여름날 폭우로 새앙쥐의 몰골이 된다 한들 나에게도 언젠가는 쨍한 하늘이 비쳐질 거라는 내 가슴의 고동을 듣고 있다.

眞아!

어린 시절 자주 집을 비운 아버지를 그리워하고 담쟁이덩굴이 푸르게 무성하던 아미동 부립병원(현 부산대학병원)이 언니를 영원히 못 보게 했다고 오랫동안 그 앞을 지나치지 않던 아픔을 기억하는지? 혼잣말처럼 늘 언니 이름을 부르시며 산을 내려서시던 쓸쓸한 모습의 어머니. 아직도 기억 저편에서 지워지지 않고 깃발처럼 흔들어대고 있다. 가장 아프고 고달팠던 기억은 세월이 갈수록 더욱 더 또렷해질 뿐이다.

내가 서울로 시집가는 날부터 노상 바다를 그리듯이 어머니를 그리워했고 홀연히 이 세상을 뜨신 어머니로 인하여 지금까지도 못다 푼 숙제물이 그득하다. 나 또한 자식이 자라면서 무한대의 사랑의 나무가 쑥쑥 자라더니 어느 날 품안의 자식들이 새 둥지를 틀던 날, 한여름 날의 태풍처럼 그리움의 모진 바람이 때리고 지나간다.

때로는 소낙비처럼, 때로는 폭설처럼 쌓여가는 뿌리 깊은 인연의 나무여!

다음은 나의 졸시(拙詩)에 귀 한 번 기울여 주렴아. 眞아!

사람에게로

이 세상에서 부딪친다 나는
이 세상에서 멍이 든다 나는
이 세상에서 현기롭다 나는

벽 하나 허물며 쓰러지고
벽 하나 허물며 일어서고

그래도 켕기는 마음
먼저 달려 나와

날마다
사람에게로
사람에게로
문을 밀친다

분명 깊이 팬 생채기
또 새살 돋아올 텐데.

신앙에 대한 소고(小考)

나는 유교 집안에서 자라났다. 어린 나이에 어머니 손에 이끌려 자주 산사를 찾아갔다.

어머니는 절에 가서 불공 올리는 것을 연중행사로 삼으셨고 기회 닿는 대로 방생을 하셨다.

아버지는 경주 김씨 장손으로 그 많은 제사를 어머니께선 신앙처럼 잘 모시고 섬기셨다.

제삿날이 가까워 오면 갖가지 나물거리를 산더미 같이 사 나르시고 해물, 육류, 산적과 새하얀 기증떡(기자떡)을 둥그런 소쿠리에 몇 차례씩 쪄 내셨다. 보기만 해도 푸짐한 과일과 식혜와 큰 양푼에 찌는 약식.

어머니는 손이 크시어 언제나 많은 양을 준비하여 제관들과 친척들이 집으로 돌아가실 때 모두의 손에 한 보따리씩 들고 가게 했다. 제사가 있는 날이면 숙모님들이 제각각 일을 도맡아 고생을 하셨다.

어머니께선 맏종부 역할을 훌륭하게 하신 듯했다.

제사 파젯날, 그 다음 날까지 친척들이 주무시고 놀다 가셨다. 우리 집 이불장에는 가득한 이불과 베개로 여관집 같다고 우스갯소리들을 많이 했다. 요즘 같으면 상상도 할 수 없이 느긋한 기일(忌日)의 풍습이었다.

명절 차례를 모신 후에는 산소에 성묘도 가고 친척집을 두루두루 찾아 세배를 다니기도 했다.

'나리미'라 하여 음식을 소반에 고루고루 담아 이웃집에 나르기도 했다. 친정에서나 시댁에서나 똑같이 행해지던 풍습이었다.

나는 그런 가정의 분위기 속에서도 초등학교 4학년 무렵 서부교회를 다녔으며 중학교에 다닐 무렵엔 부민동의 영락교회에 다녔다. 신기하게도 불심이 지극하신 어머니께서 나를 말리시지 않으셨다. 중등부, 고등부에서 성가대 활동을 하였고 주보도 철필로 긁어가며 내가 만들었다. 전도사님의 극진한 배려가 있었기도 하지만 그때 당시에도 유일무이한 하느님을 믿고 싶었고 교회에 나가기만 하면 그렇게 마음이 편할 수가 없었다.

어린 나이에도 모든 시름이 다 사라지는 듯했으며 교회는 유일하게 내 마음을 받아주고 열어주는 통로가 되었다.

우리 식구들 중 그 누구도 나를 제어하는 사람이 없었다. 교회란 곳은 착하고 어진 사람들만 모이는 곳이라고 생각했으며 그곳에 가기만 하면 마음의 평화와 구원이 저절로 다 얻어지는 것 같았다.

감리교의 대학에 가서도 4년간을 대학교 강당에서 열리는 채플 시간에 참석했다. 성경을 봉독하며 특히 전도서 3장을 즐겨 암송하기도 했다. 그 시절엔 신앙심보다 젊은 청춘의 꿈이 애드벌룬처럼 한껏 부풀기도 했다.

결혼과 더불어 나는 교회와 점점 멀어져 갔다. 시댁도 원불교를 믿으셨고 연중 시댁의 기일과 풍습을 따르자니 자연스레 기독교인이라고 나서질 못 했다. 그러다 친정어머니를 졸지에 잃어버리고 방황하던 끝에 천주교의 문을 두드리게 되었다. 성모님은 늪 속에서 허우적대는 길 잃은 양을 끌어내시어 무조건 품어 안아 주셨다. 아무런 보상도 바라지 않는 어머니 품속처럼 안온하고 편안했다. 모든 것이 다 이루어지는 듯했으며 광야에 버려진 외롭고 추운 마음에 평정의 기운이 찾아오는 듯했다. 나를 향해서나, 누구를 만나서나 가톨릭 신자라는 긍지를 가슴 터질 듯이 안았었다.

'아! 이런 세계가 있었구나.'

하느님과 성모님께서 지켜주시니 '눈 먼 내가 비로소 눈을 뜨는구나'라고 행복하기만 했다.

대모님의 인도로 봉사활동에 참여하며 무한한 기쁨을 느꼈다.

그러나 하느님이 만드신 세상의 사람들을 만나다 보면 특히 신앙을 내세우는 사람들, 특이한 인간 군상들의 말과 행위의 이단자들을 만나게 될 때의 그 좌절감과 실망이 나를 바보처럼 침묵하게 하고 가까이 가는 발걸음을 멈추게도 했다.

'왜 이럴까?' 수도 없이 자문자답의 나날을 보내기도 했다.

걸핏하면 하느님을 팔고, 하느님을 빙자하고, 하느님을 부르며

잘 다듬어진 위선의 날개를 퍼덕이며 입에 발린 기도소리가 허공에 가득함을 보았을 때 '사람을 믿지 말고 하느님을 믿으라' 하며 자꾸만 내 등을 떠미는 소리가 사방에서 몰려온다.

'아! 나는 아직도 수양이 부족하구나.'

모든 걸 내려놓고 하느님 앞에 무릎을 꿇어야 함에도 세속에서 자란 이기심은 아직도 그 싹이 남아 있다니 나 스스로에게 향한 칼날을 더 곧추 세워야 할 것 같다. 아무리 이 세상이 정신을 잃고 돌아버린다 해도 나는 나를 놓지 말고 제 정신을 붙들어야 할 것만 같다.

그 용기만이라도 부디 하느님께서 남겨주셨으면….

스승님을 기리며

1.

해마다 '스승의 날'이 다가온다.

깊숙이 숨겨둔 묵은 수첩 속을 꺼내듯 나에게도 퇴색하지 않는 선생님이 계시다.

초, 중, 고등학교를 거치면서 내 영혼의 수첩 속에 저장되어 있는 선생님들.

부산 남일국민학교에 근무하시던 李字 光字 雨字의 함자를 가지신 선생님.

전쟁과 휴전으로 한창 어수선하던 항구도시 부산의 복병산 비탈에서 판자 가교사 속에서의 5, 6학년 시절은 그 나름대로의 사금파리처럼 빛나는 아름다운 기억들로 엮어져 있다.

전쟁 통에 남하했던 북녘 친구들이 하나, 둘 환도하는 바람에 늘 친구에 대한 그리움이 움트고 있었다.

당시 5학년 6반 담임이셨던 선생님은 동그란 얼굴에 늘 수줍은 듯한 미소를 지닌 조용한 분이셨다. 한창 전쟁 중이라 그런지 어느 날 갑자기 선생님께서 군대에 가시게 되었다.

우리 반 친구들은 너나없이 울음을 터뜨리고 울었다. 우리 선생님께서 전쟁터에 나가시다니. 그 당시 우리로선 너무나도 큰 슬픔이었다. 그러나 곧 휴전이 되어 그랬는지는 몰라도 선생님께선 우리 반으로 다시 돌아오시게 되었다. 그때의 기쁨은 이루 형언할 수 없는 큰 선물이 되었다. 그 후 선생님은 내게 아버지 같이 큰 바위 얼굴이 되어 다가왔다.

당시 사모님과 어린 자녀를 두신 이십대의 퍽 인자하신 모습이라고 기억된다.

나는 이렇듯 좋으셨던 선생님을 졸업 후 찾아뵙는 부지런함을 보여드리지 못했다.

대학 2학년 여름방학, 유치원 친구가 소식을 전해줬다. "이광우 선생님께서 너를 무척 보고 싶어 하시더라."며 한 번 찾아 가 보라고.

그즈음 선생님은 남부민국민학교에 근무하고 계셨다. 어느 여름날 마음 속 깊이 죄송함을 안고 찾아가 뵈었다. 송도를 향해 가는 바닷가 언덕에 위치한 학교였다. 숙녀로 다 커버린 제자 앞에서 옛 모습 그대로 두 손을 마주 비비며 수줍어하시던 선생님. 처음부터 마지막까지 존댓말로 맞아주시던 선생님이셨다.

내 영혼의 담장 안에 영원히 살아계시는 선생님 생각으로 늘 가슴이 편치 않다가 늦었지만 올해 '스승의 날'에 용기를 내어 수소문해 보았다. 교육위원회를 거쳐 옛날 선생님과 함께 근무하셨던 '오창국'

선생님과 어렵게 통화를 할 수 있게 되었다. 그러나 내가 찾는 선생님은 이미 세상을 떠나신 지 오래라는 슬픈 소식을 들었다.

올해 오월이 되기 전까지는 늘 어딘가에 꼭 살아 계실 것만 같던 선생님이셨는데 나의 어리석음으로 인해 아름다운 기다림이 여지없이 허물어져 내리는 소리가 폭포수처럼 들렸다.

아름다운 것은 언제나 꽁꽁 묻어두어야 함인가. 풀어 헤침이 결코 능사가 아님을 이 나이까지 와서야 새삼 가슴 저리도록 알게 될 줄이야.

졸업한 지 수 십년이 지나면서 문득, 문득 내 게으름의 소치를 깊이 깨닫고 씻을 수 없는 회한을 안고 살아가고 있다.

이광우 선생님!

못난 제자가 엎드려 비옵니다. 부디 편안히 승천 하시옵소서.

2.

부산여자중학교 시절 김(金) 자 무(戊) 자 조(祚) 자의 함자를 가지신, 문학이란 무엇인가를 일깨워주신 국어선생님. 글쓰기를 좋아하는 학생에게 문예반 활동을 열심히 지도해 주셨다. 중학 3학년 때 처음으로 서울이란 곳에 기적소리 요란한 기차를 타고 문예반원들이 백일장 원정을 가기도 했다.

여름방학이면 서울에서 내려온 경기여중 학생들이 뽀얀 얼굴로 새하얀 양말을 신고 부산 거리에서 마주칠 때 해풍에 검게 탄 부산 소녀들과는 뭔지 모르게 다르다는 느낌으로 주눅이 좀 들었다고나 할까.

문예반 학생들이 서울 도착하여 화신 뒤 남양호텔(아마도 여관이 아니었을까)에 짐을 푸니 후배 오빠가 서울대 배지가 붙은 교복을 입고 찾아왔다. 나에게도 이화여대에 재학 중인 문자 언니가 복주머니를 예쁘게 흔들며 찾아왔다. 그 시절엔 가족이나 인연을 맺은 누구든지 정이 철철 넘쳐나던 1950년대였다.

지금은 살아가는 톱니바퀴가 너무 빨리 돌아서 서로에게 폐가 될까봐 지방에서 누가 상경해도 연락조차 삼가는 세상이다. 김무조 선생님께선 여러 백일장을 인솔해 다니시며 유일하게 짜장면을 많이 사주셨다. 그 짜장면이 그렇게 맛날 수가 없었다.

그해 가을, 영남예술제(개천예술제)가 열리는 진주까지 가서 '백지(白紙)'라는 시제(詩題)로 차상을 받기도 했다. 그때 고등부의 수상자인 조정강 선배님이 나중 사촌오빠의 부인이 되셨다. 그날따라 비가 내려 남강의 촉석루에서 행사를 못하고 진주극장에서 백일장을 치렀다.

수상자 전원이 사진관에 가서 사진을 찍었는데 고등부의 한 남학생이 문단에 나와 보니 그분이 신중신 시인이셨다.

김무조 선생님께선 부산여중과 부산여고의 국어선생님을 하시면서 나중, 부산 경성대학교 교수님이 되셨다. 워낙 학구적이시며 학생들 모두에게 정성을 기울이신 덕분인지 학생들 간에 인기가 좋으셨다.

작가 펄벅 여사가 내한하여 햇살이 눈부시던 부산여고 교정에서 강연을 하기도 했다. 펄벅 여사의 『대지』는 그즈음 많이 읽혔던 소설 중의 하나였다.

우리 문예반 학생들이 대학을 가서도 이화 삼인전(梨花三人展)이라는 시화전을 부산시 공보관에서 열게 모든 주선을 다 해주신 선생님. 몇 해 전 부산여고 전체 동창회에 귀한 걸음을 하셔서 반갑게 선생님을 뵈었다. 꽃술회 친구, 영자와 정옥이와 선생님께 조그만 정성이라도 드리려고 다시 선생님의 좌석에 가니 어느새 부산으로 가신다고 자리를 뜨신 뒤였다. 우리 세 친구의 정성을 우편으로 보내드렸더니 선생님께서 사랑이 담긴 장문의 편지를 보내주시기도 하였다.

그러나 그 이듬해였던가 선생님께서 소천하셨다는 아주 슬픈 소식을 우리는 안게 되었다.

그렇게 한평생 공부만 하시다가 그 많은 후학들을 가르치시다가 끝내 한 번 가면 다시 되돌아올 수 없는 그 나라로 가셨습니다. 선생님은 보통사람 보다 다르실 줄 알았는데, 역시 선생님께서도 그 길은 마다하시지 않으셨습니까.

김무조 선생님!

모든 근심 걱정, 이제는 다 내려놓으시고 부디 편안한 꽃길로 오르시옵소서.

'문학의 집 · 서울'에서 단풍 들다

'문학의 집 · 서울'을 오르내린 발자국이 그동안 얼마나 찍혔을까요?

새천년이 열리면서 저의 제2의 고향이 생겨났습니다. 상실과 연민의 고리가 사슬뜨기로 엮어져 가던 그즈음, '문학의 집 · 서울'이란 문학관이 남산에서 탄생되었던 것입니다.

악명 높았던 남산의 중앙정보부 대공 분실이 아름다운 문학의 산실로 탈바꿈하였으니 이 얼마나 획기적인 발상이며 엄청난 계획이란 말입니까?

저는 3호선을 타고 충무로에서 4호선으로 환승, 명동역에서 하차하여 1번 출구로 나가면 남산을 오르는 비탈길이 나옵니다. 한참을 오르다 보면 오른편에 적십자사가 보입니다. 그 앞에 다다라 비탈을 오르다 가빠진 숨을 몰아쉬면 건너편 신호등에서 초록 손이 깜박깜박 손짓을 합니다. 바삐 횡단보도를 건너 다시 교통방송 마당을 가로질러 언덕을 올라갑니다.

동행이 없이 혼자 찾아가는 날은 으레 그 길을 잘 이용합니다. 산림문학관의 정문이 보이면 설레던 마음을 가라앉히듯 잠깐 멈추어 서서 심호흡을 합니다. 그리운 얼굴들이 차례로 다가서며 나를 반겨줄 듯합니다. 꼭 친정어머니와 형제자매들을 만나 뵈러 가는 마음이랄까요.

올해로 15주년을 맞이하는 '문학의 집 · 서울'은 개관 뒤 남산 한옥마을 마당에서 연날리기 대회도 했고 봄을 맞아 본관 양지 바른 뜨락에 갖가지 꽃들을 심었던 기억도 생생합니다. 사계절을 통하여 해마다 열리는 다양한 행사며 어느 한 장르에 치우치지 않고 고루 고루 배분하여 주옥같은 글월과 그림, 문인들의 진솔한 연극까지 우리에게 크나큰 선물을 해주시는 '문학의 집 · 서울' 소식지도 어느새 제179호가 발행되었고 '그립습니다 - 음악이 있는 문학마당(170회)' '수요문학광장(168회)' '다양한 기획전시' '시민을 위한 시낭송 경연대회' '예장문학콘서트' 여러 분야의 다양한 기획을 보면서 '문학의 집' 가족 여러분의 끊임없는 수고와 땀의 염도를 느낄 수 있게 합니다.

'그립습니다 - 음악이 있는 문학마당'에서 작고 문인 선생님의 발자취를 가까이서 듣게 해주셨습니다. 오래전 양명문 선생님의 시간에는 남다른 감회에 빠져들곤 했습니다. 대학 1학년 현대시론을 양명문 시인님께서 강의해 주셨습니다. 그 무렵 학보에 저의 시 「목숨」이 발표되었는데 선생님께서 강의시간에 "이 반에 김선진이가 누구냐?"시며 손을 들어보라고 호명하셨습니다. 저는 지방에서 올라 온데다 부끄러워 손을 드는 둥 마는 둥 했습니다. 선생님께선 발표된 시를 극찬해주셨습니다. 그 인연으로 학교 후문 뒤의 자택에도 놀러가 김자림 사모님을 뵙기도 했습니다. 양명문 선생님께선 긴 머리칼을 휘날리시며 참으로 점잖으신 멋쟁이셨습니다. 지금 와 생각하니 왜 그 시절에 문학의 꿈과 등단의 길을 생각조차 못했을까. 무엇이 그리 바빠 대학 졸업 다음해 봄, 시집을 가버린 것인지. 이제 돌이킬 수 없는 지난날의 꿈과 아쉬움을 '문학의 집 · 서울'에서 오랫동안 만끽해보고 싶습니다.

언제 찾아와도 반가운 그 얼굴, 그 향기를 세월도 모르게 남몰래 묶어만 두고 싶음은 또 어인 일인지요?

우즈베키스탄의 가을

우즈베키스탄 행 비행기를 탄 것은 10월 햇살도 눈부신 가을날이었다.

딸네 가족이 그곳으로 간 지도 어느덧 햇수로 4년째. 몇 차례 벼르던 끝에 가을 방문을 결행한 것이다.

2년 전, 인천 사돈(서영이 할머니)께서 함께 가지 않겠느냐고 권유를 하셨지만 먼저 다녀오시라고 극구 사양했다.

인천공항에서 우즈베키스탄의 수도 타쉬켄트까지 여덟 시간 소요되는 여행길에 드디어 오르기 시작했다. 간밤엔 잠도 설쳐 피곤했지만 만난다는 기쁨 때문에 모든 것이 얼음 녹듯이 녹아내리는 것 같았다. 기내에 닫혀 있던 창 덮개를 열어 보니 밤하늘의 별들이 너무 가깝게 떠있다. 달빛도 겨울 밤하늘의 달빛처럼 푸르고 싸늘하게 느껴졌다. 비행 고도가 10,820미터. 비행속도 시속 742킬로. 외부 온도는 -54도라니….

산악지대를 지나고 또 지나가고 아득히 먼 마을의 불빛이 아예 보이지도 않는다. 이 먼 거리를 내 새끼들이 가고오고 했던가 생각하니 형언할 수 없는 아릿함이 가슴을 파고든다.

철부지 서영이, 진영이가 오랜 시간 동안 기내에서 참고 앉아 있었을 것을 생각하니 안쓰럽기 그지없다.

사위가 회사 주재원으로 근무하게 되어 가족이 모두 가게 되었다. 인천 사부인께서 우즈베키스탄엘 다녀오신 뒤 타쉬켄트에서 페르가나행 국내 비행기를 타고 가면서 눈물을 흘렸노라고 하셨다. "내 아들과 며느리가 타쉬겐트에 도착하여 또다시 국내선 소형 프로펠러 비행기를 타고 다니는구나." 생각하니 눈물이 쉴 새 없이 흘러내렸다는 말씀이 귀에 쟁쟁하다. 그러시던 인천 사부인께선 작년에 갑자기 쓰러지셔서 지금 투병생활을 하고 계신다. 항상 상대방을 배려하시고 무척이나 다정다감하셨던 성품으로 집안의 큰 기둥이셨다.

일시 귀국한 손녀들이 평소에 친할머니와 함께 잘 불렀던 노래를 모두 녹음하여 병원에 가서 들려 드렸더니 의식이 없으시던 사부인께서 눈물을 주르르 흘리셨다. 귀엽고 사랑스러운 손녀들의 재롱을 기억하시고 그러셨을까. 억장이 무너져 내리는 소리를 듣는 것 같았다.

딸아이 결혼 날짜를 받아놓고 서로간의 자식을 나눠가지는 준비 과정의 어느 날, 동대 역 언덕의 찻집에서 들려주셨던 꿈 이야기. 딸자식을 가진 친정어머니가 아들자식을 가진 시어머니에게 아직 성혼도하기 전 한 아름의 엉겅퀴 꽃다발을 드리더라는 꿈을 꾸셨다고 밝게 웃으시며 말씀하셨다. 그 순간, 나는 엉겅퀴 꽃이 무엇을 뜻할까? 내심 참으로 궁금했다. 그 당시 엉겅퀴 꽃에 대해 전혀 문외한인 나는 어색하지만 밝은 웃음으로 맞이했다.

나는 인천 사부인을 사돈이지만 참 좋아했다. 상대방을 여러모로 배려해 주시는 아름다운 성품을 참 다행하게 생각하며 특히 부족한 내 여식에게 그렇게 따스한 마음을 심어 주셨으니 어서 쾌차하시어 사랑하는 여러 가족의 품으로 돌아 오셨으면, 절절하게 기원 드리고 싶다.

늦은 밤 타쉬켄트 공항에 내리니 사위와 딸과 손녀 서영, 진영이가 반갑게 맞아주었다. 이역에서 가족을 만나는 기쁨은 무엇으로 다 헤아릴 수 있을까. 어느새 훌쩍 더 커버린 귀여운 아이들. 러시아어와 우즈베키스탄 언어와 우리말을 병용하고 있었다.

타쉬켄트 시의 QUALITY라는 호텔에 여장을 풀고 나니 새벽 세 시경이었다. 딸네 가족은 여기서 다섯 시간여를 자동차로 달려가야 하는 페르가나라는 곳에 살고 있다. 이튿날 같은 회사에 근무하는 최분순 여사가 동행하여 '사마르칸트' 유적지 관광에 나섰다.(고려인으로서 러시아어 통역을 맡아 주셨다) 아침부터 자동차로 달리니 낯선 풍광들이 새롭게 다가왔다. 목화밭에서 목화를 따고 있는 우즈베키스탄 사람들. 이곳은 목화를 많이 재배하여 섬유 산업이 발달되었다 한다. 가도 가도 산은 안 보이고 광활한 평야가 펼쳐진다. 이날따라 가을 햇빛은 더없이 눈부셨다.

군데군데 검문소가 있고 여권을 제시하라는 주문이다. 외국인 차는 노란색 번호판이라서 자주 검문을 한다고 한다. 장장 네 시간 반 이상 걸려 사마르칸트에 도착했다. 사마르칸트는 세미스켄트라는 팔시어에서 생겨났는데 남북 실크로드의 교착점이라는 뜻이다. 사마르칸트는 아무르 티무르 통치시(1370~1405) 14세기 만에 수도로 정해졌고 1917~1924년 우즈벡 자립 공화국 수도였다.

사마르칸트에는 수많은 역사적 고적들이 있는데 천문대(ulucbec)는 1,018개의 별의 위치를 정확하게 결정했고 원통형 건물로 직경이 46.40미터. 높이가 30미터. 건물에 대형 해시계 측각기(수직 원형) 벽돌로 쌓고 자오선과 평행으로 설치되었다고 한다. 그리고 1년이 365일 6시 10분 8초라고 발표했다. 현재 국제천문학의 결정은 1년이 365일 6시간 9분 9.6초로 되어 있어 차가 1분 미만이다.

황제의 묘소(구르-에미르)와 사원 '레기스탄'도 보았다. 레기스탄은 세 개의 사원으로 구성되었고 중간에 위치한 쩨랴까리 사원 벽에는 아랍어로 코란의 5계율이 적혀 있다.

마하메드는 무술만의 선지자이다.(믿음)
무술만인은 생애에 한 번씩은 꼭 메카에 다녀와야 한다.(순례)
무술만인은 하루에 다섯 번을 주님에게 기도해야 한다.(기도)
무술만인은 라마단 기간에 금식을 지켜야 한다.(금식)
무술만인은 가난한 사람을 도와야 한다.(자선)

박물관(Afrossiup)에도 들러 보니 이 박물관 벽화에는 황제의 결혼식에 각 나라들에서 선물을 가지고 오는 장면을 반영했는데 이 원본은 싼-뻬쩨르부르그 '에르미타즈' 박물관에 전시되어있다. 특히 이 벽화에 우리 한국인이 있다는 것은 벌써 7~8세기 한국인들이 중앙아시아에까지 들어왔었다는 것이다.

사원 '비비하움'과 묘소 '사히린다'를 보고 돌아오니 어느새 어둠이 짙어 왔다.

칠흑 같은 어둠 속을 장시간 걸려 다시 타쉬켄트로 돌아왔다. 타쉬켄트(Tashkent)는 투르크어로 돌(tash)의 나라(kent)라는 의미를 갖고 있으며 현재 우즈베키스탄 수도의 인구는 약 213만 명이다.(1998년) 지리적으로 천산산맥에 있는 오아시스에 위치하고 13세기경 징기스칸 침입 이후 몽골 지배로 들어갔고 차가타이한국과 티무르의 지배를 받았다.

러시아 식민지가 시작되었던 것은 1965~1967년. 1991년 12월 소련 연방의 붕괴와 함께 우즈베키스탄의 수도가 되었다.

다음날, 타쉬켄트의 박물관도 가 보았다.

1966년 지진으로 거의 파괴된 도시를 러시아식의 도시로 재건한 설명도 듣고 무명용사 묘소에서 아바르 민족시인 '라불감자똡'의 시 「기러기」를 얘기하며 안내하던 최분순 여사는 눈물을 흘렸다. 전쟁터에서 잃은 자식을 하염없이 기다리는 어머니의 마음을 들으며 나도 함께 눈물지었다. 이번 여행에서 최 여사의 도움이 컸다. 우리나라 사람이지만 중국에서 태어났고 러시아 교육을 받은 인텔리 여성이었다. 나와 같은 연배로서 많은 얘기를 듣고 나누다가 십년지기처럼 쉽게 마음을 터놓을 수가 있었다. 타쉬켄트의 장터를 돌아보고 우리 가족들은 페르가나를 향해 달려갔다. 난생처음 가보는 페르가나 딸네 집을 향하여 설레는 마음을 차곡차곡 개키며 가고 있었다.

페르가나는 타쉬겐트보다 작은 소도시의 시골이었다. 사람들은 때 묻지 않은 순박한 심성이 그대로 묻어나는 것 같았다. 10월, 가을날이지만 낮엔 햇살이 엄청 따가웠고 밤중엔 소낙비가 줄기차게 쏟아졌다. 20일 동안 나는 참 바쁜 일정을 보냈다.

서울에서 준비해간 한국 먹을거리 재료들로 사위 회사 임직원 여러분을 두 번이나 초대하였고 회사 식당에서도 공장 직원들을 대접했다.

딸아이 기사였던 '할림'의 처제 따님의 결혼식에도 초대받아 음악에 맞춰 춤을 추게 하여 처음으로 사위와 춤까지 추었다. 할림 기사 댁에도 초대되어 갔더니 기사의 부모님, 전 가족이 다 모여 환영해 주었다. 나를 안내해 주시던 최여사 댁에도 초대를 받았고 딸네 집에 오던 가사 도우미 '앗사' 아주머니 댁에도 초대를 해서 갔더니 한 상 가득 우즈베키스탄 음식과 러시아어로 된 푸쉬킨 시집을 선물로 주셨다. 딸네 집에서 김치를 담그던 어느 날, 오디오에서 흘러나오는 음악을 듣던 그 아주머니는 "저는 비발디의 사계를 좋아 합니다." 하여 내가 몹시 놀랐던 기억이 난다.

급변하는 우리나라보다 러시아 교육을 받은 문화적 수준이 얼마나 높은지 그 짧은 기간이지만 나는 많은 경험을 했다. 우리나라에서 자기가 부리는 기사나 가사도우미의 집에 초대 받아 가는 상사나 상사의 가족이 있을까? 나는 한 번도 들어본 적이 없는 것 같다. 그만큼 그 나라 국민성이 순수해서인가? 나를 안내해 주던 최 여사는 나더러 "서영이 할머니 같으신 분, 처음 봅니다. 이런 분들만 오신다면 얼마나 좋겠습니까? 한국에서 오는 여러 손님들, 우리 고려인을 사람 취급 안 합니다. 나는 숱하게 많이 보았어요. 골프가방 들고 온 한국 사람들, 언제 그렇게 잘 살았다고. 그 졸부들, 우리를 너무 무시합니다."라고 울분을 토했다. 우리 한국사람, 그 졸부들의 행태를 한국에서 익히 들어서 잘 알지만 왜 골프 치는 사람들의 인성은 이렇게 비난을 받는 걸까?

나는 아침마다 서영이, 진영이 학교와 유치원에도 따라 가 보고 서영이의 바이올린 선생님 댁에 가서 레슨 받는 것도 보았다. 내가 한국으로 돌아오는 날 아침, 회사 식당 '리다' 아주머니께서 우즈베키스탄의 기다란 메론을 귀국 선물로 가져오셨다. 모양은 그렇지만 그 나라의 메론은 참 맛있었다. 귀국시 농산물 반입이 안 되기에 딸네 집에 두고 그분의 마음만 거둬 가지고 왔다. 지금도 눈에 선하다. 서영이 집 마당의 포도넝쿨과 주렁주렁 매달린 감나무의 덜 익은 감들, 길에 나가면 화덕에서 금방 구워 팔던 빵 굽던 아저씨. 마침 내가 갔던 그 시기가 이슬람교의 라마단이라 사위의 기사, '바흐롬'은 수시로 기도하러 간다고 행방이 묘연하기도 했다. 철저한 금식을 하면서 믿음을 지키는 그들은 하나 같이 순박하였다.

그리고 손녀들과 잘 어울리며 놀던 재키, 둘리, 심바라는 개들도 다들 잘 있는지 정녕 그립고 보고파진다.

비우면 더 채워지는 것, 것들

논어를 가르치는 문을 두드린 지가 어느덧 십여 년이 흘러갔다.

"한번 와서 들어 볼래?"라며 2003년 새해 벽두 초사흗날 아침, 고교동창 정호정 친구의 전화였다. 늘 누구보다 진취적이며 앞서가는 좋은 친구이기에 얼마나 강의가 좋으면 그럴까 하고 신년 정월 댓바람으로 노대홍 선생님의 '한자로 푸는 세상만사' 반에 첫발을 딛게 되었다. 내가 듣는 첫 시간이었지만 '근면한 사람은 당대에 배고프지 않다' '겸손한 사람은 화를 입지 않는다' '현명한 사람은 시대의 흐름에 동참한다' '우둔한 사람은 시대의 흐름에 역행한다'

한글과 한자의 중요성과 불가분의 관계도 피력해 주셨다.

첫 강의 시간에 매료되어 마침 친구들의 모임에서 너무 좋았다는 느낌을 말했더니 그 다음 시간에 반가운 친구들의 얼굴이 쏙쏙 문을 밀고 들어서는 게 아닌가. 그 후 지금껏 십 년이면 강산도 변한다는 연륜 속에 논어의 묘미에 푹 빠져 있다.

건축학 전공이신 선생님의 강의는 날이 갈수록, 해가 거듭 될수록 듣지 않고는 배길 수 없을 만큼 묘한 마력을 지니고 계신 듯하다. 10여 년 동안 경조사나 가정사에 바빠 가끔 결석할 때는 그렇게 궁금할 수가 없었다. 시류에 흔들림 없이 꼿꼿하게 이 세상사를 바라보시며 바른 가르침 주시는 선생님께 진심으로 감사드리고 싶다. 살아 갈수록 선생님을 뵙게 해준 친구의 마음 씀에 깊은 우정을 느낀다. 그러나 그 친구는 지금은 볼 수 없는 하늘나라에 먼저 날아가 자리를 잡고 있다. 언제나 무엇에든 앞장을 서는 참 소중한 그리운 친구인데….

이승에 태어나 덤불 우거진 삶이란 길 위에서 우리는 나날이 익어가고 나날이 늙어가고 나날이 잃어가는 꿈과 희망과 좌절의 길목을 무수히 만나게 된다.

머뭇머뭇 거리다 잘 못 들 수도 있고 틀어야 할 곳을 쉽게 놓칠 수도 있다. 희망이 지나치면 욕망일 수 있는데 사람은 누구나 희망과 욕망의 틈새에서 남이 알지 못하는 숱한 고뇌의 늪에서 허우적대는 게 아닐까.

돌이켜 보면 사람과 사람 사이의 길목이 무난한 듯하면서도 가장 가파르고 가장 헤아릴 수 없는 게 아니었던가? 그 길목에서 자기에게 주어진 한 생애를 캔버스에 그려본다면 처음부터 끝까지 고운 색상과 아름다운 무늬로 한 폭의 유화가 탄생되기도 하고 구성과 소묘부터 잘 짜여지지 않으며 끝내는 밑그림부터 나아가지 않아 화폭을 찢게 될 수도 있는 것이다.

누구나 그의 생애에서 처음부터 끝까지 평탄하게 탄탄대로로 이어지는 인연을 가지고 싶어 할 것이다.

백년가약을 맺은 부부지간의 인연, 부모와 자식 간의 골수에 맺힌 인연, 형제지간의 피로 나눈 인연, 일가친척 간의 무난한 인연, 학연으로 맺어졌든, 사회에서 맺어졌든, 그 수많은 사람들과의 인연, 인연들.

나의 나아갈 길목에, 나의 캔버스에 잠깐 들렀다 후루루 날아가버리는 철새의 인연도 많이 있었을 테고 어디론가 정말 속절없이, 흔적 없이 날아가 버릴까봐 마음 졸이던 인연도 많았을 것이다. 연륜을 의식해서인가. 지금은 까마득한 옛날이 된 옛 생각에 가끔 잦아들 때가 있다.

내 기억의 갈피에서 자꾸만 흐릿해져 가는 어린 시절과 여름 날 뭉게구름처럼 몽글몽글 피어오르기만 하던 꿈 많고 겁 없던 시절 20대, 낳은 혈육의 정에 무한정 몰입했던 30대, 가도 가도 지평선만 보이던 사막의 구릉을 타박타박 걸어가기만 했던 40대. 드디어 뿌린 씨를 거두려고 물주고 바람 모아 한 없이 가꿔야만 했던 50대, 숱한 고개를 겨우 넘어 왔다는 안도감에 심호흡을 고르던 60대, 70대의 비탈에선 무엇부터 할까? 귀가 순해진다는 강물도 건너 왔으니 이제부터 하나, 둘 땀이 배도록 움켜쥐고 있는 손바닥을 서서히 펴야 할 때가 아닌가 싶다.

살아온 나날만큼 켜켜로 쟁여둔 간절한 기구와 바랄 수 있는 희망도, 이룰 수 없는 욕망도 그 많은 캔버스에 칠하고 또 덧칠 하는 행위의 반복일지라도 이제는 조금씩 내려놓는 연습을 해야 하리라.

그래도 옳은 건 끝끝내 옳다 하고 그른 건 끝끝내 그르다 할 수 있는 일루의 용기와 눈 감을 때까지 내려놓을 수 없는 한 움큼의 그리움만은 꼭 쥐고 싶다.

아무리 내려놓고 싶어도, 아무리 먹고 싶지 않아도, 감출 수 없이 저절로 더께처럼 내려앉는 나이, 세상에서 나이 많은 이라 불릴지언정 나이 많은 이의 내려놓고 싶지 않는 마지막 자존심을 언제까지 지켜 나갈 것인가? 오늘도 나는 옛 성인의 가르침에 문을 디밀어 본다.

'여기 논어의 가르침을 몇 수 옮겨 볼까 한다.'

1. 子曰 '德不孤 心有隣'
(공자께서 말씀 하시기를 덕은 외롭지 않으니 반드시 이웃이 있느니라.)
2. 一日行善 福雖未至 禍自遠矣
(하루라도 선을 행하면 복이 비록 이르지 않을지라도 화는 저절로 멀어질 것이요)
一日行惡 禍雖未至 福自遠矣
(하루라도 악을 행하면 화가 비록 이르지 않을지라도 복은 저절로 멀어질 것이다.)
3. 行善之人 如春園之草 不見其長 日有所增
行惡之人 如磨刀之石 不見其損 日有所虧
(선을 행하는 사람은 마치 봄 동산의 풀 같아서 그 자라남이 보이지 않아도 날로 더해지는 것이 있고 악을 행하는 사람은 마치 칼을 가는 숫돌과 같아서 그 닳아짐이 보이지 않아도 날로 줄어드는 것이 있다.)
4. 巧言令色鮮矣仁
(교묘하게 말 잘하고 좋은 얼굴색으로 아첨하는 사람치고 인(仁)을 실천하는 자 드물다.)

5. 古者言之不出

(옛 사람들이 말을 함부로 하지 않는 것은 恥躬之不逮也 몸으로 하는 실천이 그 말에 미치지 못하는 것을 부끄럽게 여기기 때문이다.)

6. 子曰 '君子 周而不比 小人比而不周'

(공자께서 말씀 하시기를 군자는 두루 마음 쓰고 편당 짓지 아니하며 소인은 편당을 짓고 두루 마음 쓰지 않느니라.)

7. 子曰 '學而不思則罔 思而不學則殆'

(공자께서 말씀 하시기를 배우기만 하고 사색을 하지 않으면 세상 이치에 어둡게 되며 생각만 하고 배우지 않으면 위태롭게 되느니라.)

8. 〈朱子·童蒙須知〉

朋友 同類之人. 益者三友 損者三友. 友直友諒 友多聞益矣.
友偏僻 友善柔 友便佞損矣
友也者 友其德也 自天子 至於庶人 未有不須友以成者.
其分若疏而其所關爲至親.
是故取友必端人擇友必勝己.

(벗은 같은 부류의 사람이다.
사귀어서 이로운 벗이 셋이고 해로운 벗도 셋이다
벗이 정직하고, 벗이 아량이 있고
벗이 박식하면 이롭다
벗이 편벽하고, 벗이 우유부단하고
벗이 아첨하고, 알랑거리면 해롭다

벗이라는 것은 그 덕을 벗 삼는 것이니
天子로부터 서민에 이르기까지
모름지기 벗 삼지 못할 자가 없으니
그 정분이 소원한 것 같으나
그 관계하는 바가 지극히 친하다.

이런 까닭에 벗을 취하되
반드시 단정한 사람일 것이며
벗을 택하되
반드시 나보다 나은 자라야 한다.)

소리치는 나무

하룻밤 자고 나면 움트는 나날이 연속 되어 찾아온다.

여태껏 살아오며 그 많은 시간을 업고 공유할 수 없는 그리움의 감나무를, 공유할 수 없는 외로움의 천리향 나무를, 공유할 수 없는 괴로움의 가죽나무를.

추억의 조각조각을 기우며 마음의 길목을 차지할 때마다 그늘이 깊은 마당에 한 그루씩 나무로 뿌리 내린다. 그래서 마음의 비탈에는 허리 굽고 가지 많은 나무들로 그득하다.

안간힘으로 사력을 다해 땅속 깊숙이 발을 뻗어 본다.

나무는 줄기나 가지 끝이나 땅 속의 잔뿌리까지도 열락으로 충만하다.

산을 바라만 보아도, 숲속을 거닐기만 해도, 심호흡을 하며 무엇이든 너그럽게 품어줄 수 있는 파란 심성의 넉넉한 나무인데 왜 사람은 나무를 닮아갈 순 없을까?

몇 백, 몇 천 년 수령으로 살지도 못하고 한 곳에 뿌리를 잘 내리지도 못할까? 한 번 가면 겨우내 잠든 물관을 깨워 봄과 함께 다시 되살아나는 여린 잎사귀는 될 순 없을까?

아무도 볼 수 없이 들킬 수도 없던 고샅 방에 웅크려 무조건 껴안기만 했던 분노의 씨앗들. 물 한 번 주지 않고 햇살 한 움큼 쪼이지 않았는데 어디에서 눈을 뜨고 어디에서 기지개를 켜며 여태 어떻게 숨어 살았을까? 무형의 시간들이 자양분 되어 그 미세한 몸부림조차 보이지 않게 했을까?

앞을 헤아릴 수 없는 안개 속을 더듬거리며 지상에서 쉬이 찾아볼 수 없는 낮과 밤.

우레와 번개, 사나운 폭풍우 몰아치던 검은 밤의 강을 수없이 건넌다.

걷잡을 수 없는 홍수의 물살로 친친 휘감길지라도 끝끝내 다시 떠오르는 태양과의 약속을 저버릴 수 없어 날이면 날마다 주문처럼 기도문을 주렁주렁 매달아 본다.

오늘도 무성하게 숲을 이루는 용서의 나무가

소나기 그친 뒤 무지갯빛 화해의 나무가

초록 너울 치렁치렁 드리운 치유의 나무가 온 강산을 출렁이며 우렁차게 소리친다.

"제발 모든 것 다 내려 두고 내게로 오라!

너희의 고뇌를 모두 잠재워 줄 것이니."

멀고도 가까운 나라

최근 어느 일간지에서 감명 깊게 읽은 기사가 생각난다.

일본군 위안부 할머니들의 안식처인 경기도 광주군 퇴촌면 '나눔의 집'에서 여름방학 내내 자원봉사 활동을 해온 일본 시마네(島根)현 아이신(愛眞) 고등학교 2학년 히라이치에(平井千繪,16세) 양의 아름다운 이야기를 읽은 것이다.

"처음엔 할머니들이 불쌍해 많이 울었지만 같이 지내다보니 할머니들이 오히려 젊은 사람보다 밝고 쾌활한 모습이다."며 다음 방학 때는 같은 반(班)친구들도 데려와 할머니들과 함께 지내고 싶다고 말했다 한다. '나눔의 집'을 찾아온 일본인 방문객 100여 명을 도맡아 안내하고 음식 나르기, 할머니 시중들기를 하면서 여름방학을 뜻깊게 보냈다 한다. 그는 한·일 역사를 거의 모르다가 1997년 오이타 현에서 열린 위안부 할머니 그림전시회를 통해 '나눔의 집'의 존재를 알게 되었다고 한다. 일본의 어린 여고생도 위안부 할머니를 위해 헌신적으로 봉사하는데 아직도 일본 정부가 미루고 있는지 안 하고 있는지 공식 피해배상과 진상규명 만이라도 하루속히 밝혀졌으면 하는 간절한 마음이다.

지난 5월, 한국여성문학인회에서 주최하여 많은 여성문학인들이 그곳을 방문한 적이 있었다.

매스미디어를 통해 무수히 들어왔던 역사의 현장을(모형이지만), 그 증인들을 짧은 시간이나마 만나고 왔다. 독지가와 정부의 배려로 산세 수려한 공기 맑고 조용한 환경 속에서 노후를 보내고 있는 그분들을 보니 그나마 얼마나 다행스러운지 몰랐다. 역사의 굴레 속에서 무참히 짓밟혔던 그들의 지나간 세월은 그 누구도 보상해 주지 않고 있다. 과거를 일순 잊을 수는 있지만 결코 없애버릴 수는 없는 화인(火印) 같은 것임을 그날 5월의 푸른 신록을 보면서 참으로 가슴 아리는 슬픔을 맛보았다. 전쟁이 가져다준 부산물이라기엔 너무 끈질긴 고통이 아니던가. 나라 없는 설움은 인간 본연의 기본적인 권리마저 통째로 앗아가 버린다는 증거를 우리는 역력히 보아오고 지금도 그 아픔을 되씹고 있을 뿐이다.

일본, 참 가깝고도 먼 나라. 가까운 만큼 우리나라에서 건너 간 문화적인 유산도 엄청나게 많지만 과거의 일본은 문화적인 교류보다도 늘 호시탐탐 남의 나라를 자기 나라화 하는 데만 급급했다. 설사 나라를 빼앗는다 해도 그 나라 백성들의 정신은, 가슴은, 빼앗을 수 없다는 것을 알고나 있는지 모르는지 지금도 반문하고 싶다.

지금 우리 세대는 그 암울했던 당시를 체험하지 못했다. 압박과 설움의 세월 36년간을 말이다. 나의 부모님과 할아버지 할머니가 겪었을 고통을 뼈저리게 느낄 수 없이 우리는 가끔 36년간의 잔재 때문인지는 모르지만 일본을 동경하기도 한다.

나와 일본은 남다른 여러 가지 인연을 지금도 이어가고 있기 때문에 더더욱 그런지도 모른다. 백일 된 딸아이를 두고 떠난 남편의 일본유학, 그리고 둘째 아이를 그곳 도큐(東急)병원에서 출산하여 4년간의 일본생활이 시작되었다. 과거 일제치하의 여러 억압이 있었지만 우리는 그곳 유학생활에서 참 많은 도움을 받았었다.

해마다 정월 초하룻날이면 꼭 우리 가족을 초대해 주시던 동경공대 나가다키 지도교수 내외분과 세 자녀들. 가마쿠라의 대나무가 울창한 울타리를 지나 일본 고유의 2층 목조건물 현관에 들어섰을 때 확 풍겨오는 일본냄새, 특유의 나무냄새는 지금도 가끔 코끝에 되살아나곤 한다.

그 당시 모두 초등학생이었던 세 자녀들은 부엌에서 어머니를 도와 각자의 분담으로 손님맞이를 하였다. 워낙 노련한 손놀림으로 식탁을 차리던 모습을 보고 크게 놀라워했던 기억이 지금도 잊혀지지가 않는다.

내가 일본 땅에 갔을 땐 좁은 아파트 탓인지는 몰라도 세탁기가 아파트 복도나 현관 앞에 나와 있는 집이 많았다. 그 당시 그것이 너무 신기했던 기억이 새삼 떠오른다. 한밤중 남편 연구실에 가려고 집을 나서면 아무도 없는 건널목에 승용차가 빨간불 신호등 앞에 정지해 있던 신기한 기억하며 어디에서든 줄서기 문화가 정착되어 있었고 전통을 중시하며 근검절약이 몸에 밴 국민성을 보았다. 이웃 간에 선물을 하면 미안할 정도로 금방 답례를 하는 관습은 날 당황하게 했다.

무슨 직업이거나 직업에 대한 긍지는 대단한 듯했다. 80년도나

90년도에 갔을 때도 식당이든 전파상이든 하물며 두부를 파는 가게까지도 그 장소에서 그대로 가족들이 이어받아 장사 하는 모습은 참 부럽기도 했다. 그때나 지금이나 젊은이들의 유행은 첨단을 걷고 있지만 전철 안에서 책을 손에서 놓지 않고 보는 사람, 뜨개질 손을 한시도 쉬지 않는 사람, 아침부터 저녁까지 앞치마를 풀지 않고 일하는 주부들도 많이 보았다. 내가 살던 메구로구 오오까야마 조그만 동네 병원엔 아침 일찍 아내가 병원에 나와 청소를 깔끔히 하고 들어가면 남편인 의사가 나와 환자를 보는 모습도 여러 번 보았다.

80년 초 그 무렵, 쓰레기 분리수거문화가 정착되어 가고 있었다. 화요일은 유리, 수요일은 종이, 가전제품이나 가재도구는 돈을 줘야만 가져가곤 했다.

남편의 박사과정 공부도 힘들었지만 모든 게 낯선 그곳 생활의 어려움도 많았던 듯싶다.

조선 사람이라는 선입견을 가지고 경계심을 놓지 않던 노인들도 더러 보았다. 내가 갔을 그 무렵, 김희로 사건이 일어난 이듬해인지라 산달이 가까운 산모인 내가 병원 복도에서 호명을 기다리고 있으면 간호부가 "긴~상"이라고 불러 주위의 시선이 일제히 내게 쏠려오는 느낌을 받았던 때이기도 했다.

지금은 우리나라의 국력이 세계 방방곡곡에 알려져 있지만 70년 초에는 여러 가지 난관이 많았던 시절이었다. 학위 취득 후 4년 만에 귀국한 뒤 82년도에 또 1년간 객원교수로 가는 남편을 따라간 적이 있었다. 동경 체재 중 그곳에서 친정어머니의 갑작스런 부음을 듣고 부랴부랴 나리타공항을 이륙하던 통한의 아픈 기억들. 일본은 내게 있어선 참 우여곡절이 많게 한 나라임에 틀림없다. 미워할 수도 잊어버릴 수도 없는 그곳. 결코 다다미방의 향수(鄕愁)나 동경공대 캠퍼스의 벚꽃길이 그리워서가 아니다. 아니, 우리 가족의 가난했던 젊은 시절의 조각, 조각들이 지금은 추억이 되어버린 그 시절을 떠올릴 때마다 아름다운 조각보의 물결로 출렁여 오고 있을 따름이다. 그래서 일본은 내게 있어선 멀고도 가까운 나라, 결코 미워할 수만은 없는 나라인가 보다.

지금도 그곳에서 맛 본 '나라쯔게'의 장아찌 맛을 가끔은 그리워하고 있으니 말이다.

추석, 더불어 생각하는 자유

이번 추석에도 어렵게 구한 귀성표로 고향에 무사히 다녀왔다. 두어 달 전부터 구해 놓았어야 하는 건데 게으름의 소치로 이십여 일 전부터 귀성표에 신경을 썼으니 우리 가족을 위해 좌석이 남아 있을 리가 없었다. 주위의 여러분께 신경을 쓰게 하고 정말이지 올해만큼 어려웠던 추석 귀성도 없었던 듯하다. 그래도 고향을 향하는 발길은 무작정 가볍고 즐거웠다.

고향은 어머님의 그 넓은 품속같이 변함없이 따스한 곳.

잊혀지지 않는 아름다운 추억이 곳곳에 널려 있고 무엇으로도 지워질 수 없는 옛 발자취가 여름날 뭉게구름처럼 피어오르는 그리움이 아직도 남아 있기 때문이다.

고향의 연로하신 부모님을 찾아뵙기 위하여 각자의 삶을 열심히 꾸려 가며 흩어져 있던 형제들이 다함께 모이는 명절이다. 차례음식을 장만하고 햇밤도 치며 동래 특유의 매운 잡채도 빠트림 없이 마련한다. 손질해둔 갖은 나물은 추석 날 새벽같이 일어나 볶아 둔다. 부모님을 모시고 있는 아이들 숙모가 밤잠을 설쳐 가며 꼬

박꼬박 새벽녘에 일어나 장만하곤 한다. 그래야만 명절 나물의 참맛이 우러난다는 어머님의 가르침을 따라서이다.

드디어 추석날 정성스레 준비한 제물로 차례를 모신다. 미수(米壽)를 바라보시는 아버님은 내가 시집오던 그때나 지금이나 한결같이 도포를 갖춰 입으시고 머리에는 유건을 쓴 예관으로 차례를 모신다. 조상님을 모시는 그 정성은 곁에서 뵙기만 해도 경건하리만큼 소중히 하신다.

육남매 중 손아래 큰시누이와 막내시누이는 출가외인이라 늘 참석치 못하고 아주버님을 비롯한 4형제와 그 사이 늘어난 자식들까지 죽 늘어서서 차례준비를 하려면 마루가 그득해진다.

그러나 올 추석엔 한결 허전한 차례상 앞이었다. 큰조카가 우리 집안으로선 개혼으로 광복절 날 시집을 갔고 조카 셋이 모두 유학을 떠났기 때문에 그 빈자리가 유독 크게 느껴졌었다. 그리 작은 마루는 아니었지만 제사 때마다 아이들의 건강한 웃음소리와 해마다 쑥쑥 자라나는 성장 모습이 대견하기도 하고 여간 자랑스럽지가 않았다. 대가족이 이래서 좋은 것인가. 사촌들끼리 모여 서로 아끼며 다독여 주는 모습은 그 어느 재산보다도 값지고 소중한 것이라 하겠다. 조카들은 언제 보아도 사랑스럽고 예쁘기만 하다.

연로하신 부모님께선 아직도 새벽등산으로 다져진 건강한 생활을 영위하고 계시다. 팔십 평생을 근검절약과 욕심 없는 삶으로 일관해 오신 모습은 늘 고개가 숙여지며 이만큼의 건강을 유지하심에 감사를 느낀다. 나보다 남을 먼저 생각하고 자식들에게조차 무작정 편안하게 해주시려고만 하시니… 이젠 오래 된 일이지만 신혼여행에서 돌아온 우리 부부에게 "첫째는 건강을 잃으면 천하를 잃는 것이니 건강에 늘 조심하고, 둘째는 부모에게 효도하며 형제자매간의 우의를 도모해야하고, 셋째는 주머니에 넘쳐나는 돈으로 남을 돕지 말라." 하셨다. 내년이면 우리 부부가 은혼식을 맞지만 나는 아직도 갓 시집 온 새 며느리에게 들려주신 아버님의 교훈을 잊은 적이 없었다.

그동안 살아가는 어려움 앞에서 많은 좌절과 고통이 있었지만 그럴 때마다 아버님의 뜨거운 사랑과 채찍질은 나를 늪에서 건져주었다. 남편이 어려운 유학 끝에 박사학위를 취득했을 때도 오히려 아내된 며느리의 고충을 먼저 일깨워 주시고 다독거리며 격려해 주셨다.

내가 어려움 앞에 마주 설 때마다 친정 부모님처럼 쏟아주신 깊은 사랑을 무슨 표현으로 다 옮길 수가 있을까. 내가 이 세상에 태어나 진실을 진실 그대로, 진솔한 삶이 무엇인가를 보여주신 어른이시다. 집안 문중과 친척을 아끼시며 주위의 어려움에 최선을 다해 도와주시는 모습, 암울했던 격동의 시대에 독자로 태어난 부모님께서 무척이나 효심이 지극하셔서 귀가 후엔 반드시 어머님 방에 들르시어 노모의 방이 따뜻한가 방을 짚어 보시고 식사 때는 어머님이 드시는 밥 수저 위에 반찬을 얹어 드리셨다 한다.

아버님께선 집안에 어려운 일이 닥치면 밤이 깊도록 잠 못 이루시다 홀로 약주를 들고 계시는 모습을 가끔 뵙는다. 며느리에게도 곧잘 권하시며 밤이 늦도록 깊은 속마음까지 들려주시는 아버님. 말없이 깊게 들이키며 내뿜는 담배연기가 잦으면 잦을수록 그 근

심 또한 크심을 알게 된다. 종교는 갖고 계시지 않지만 어느 진실한 종교인보다도 몸소 실천하시며 덕을 쌓으신 지난날이셨다.

가까운 분을 존경하기가 그리 쉬운 일이 아니라는데, 나는 아버님의 욕심 없는 생활과 한평생 걸어가시는 인생철학을 무한한 존경심으로 우러러보고만 싶을 뿐이다.

추석 차례를 지내고 문중의 친척어른, 형제, 자부들과 법기에 있는 산소에 성묘를 했다. 그리 쾌청한 날씨는 아니었지만 가을 햇살과 제법 서늘한 하늘이 반겨 주었다.

도심을 벗어난 시골의 공기 또한 다디달아 아름다운 가을의 풍광을 맘껏 느낄 수 있었다. 윗대 조상님의 묘가 차례로 묻혀있고 문씨 성안파 문중의 돌아가시는 분은 모두 이곳에 묻히신다.

윗대 조상님께 성묘하고 남편의 유학 시절 따뜻이 보살펴 주시던 일본 대판 할아버님의 유택 앞에 재배했다. 꼿꼿하신 성품으로 알뜰히 모아오신 재산 중에서 문중을 위해 많은 재산을 희사하셨다. 할아버님과의 잊을 수 없는 기억이 이제는 추억으로 떠올려지곤 한다.

그 많은 유택을 몇 차례 돌고 돌아 내려오면 내 기억 속에 아름답게 자리하고 계신 공덕화 당숙모님. 옛날 나의 친정집에 선 보러도 오셨고 유학 간 남편을 뒤따라가던 전날, 커다란 수박을 사들고 신촌 언덕바지 집을 찾아오시던, 언제 뵈어도 얌전하시고 점잖으신 어른.

성묘 길에 때때로 어머님께선 "공덕화씨 잘 있습니까? 제가 왔습니다." 하시며 비석을 어루만지셨다. 어머님과 같이 내 눈에도 눈물이 핑 돌았다.

최근에 여러 분이 타계하셨다. 맨 아래쪽에 얼마 전 돌아가신 육촌 형님의 봉분 앞에 우리는 멈춰 섰다. 그 앞에서 문중 자부들은 성묘를 했다. 왈칵 눈시울이 뜨거워졌다. 그토록 열심히 사셨던 생애, 피땀 흘려 가꿨던 가정, 사랑하는 남편과 아들 딸 모두 두고 여기 이곳에 홀로 누워 계시는가. 허망한 생의 덧없음을 새삼 뼈저리게 느끼며 슬픔을 삭혔다.

나도 언젠가는 이곳에 묻히리라. 그리고 나와 맺어진 인연들, 나이 든 순서도 없이 가고 또 가고….

우리 인간은 순간순간 자신은 영원히 죽지 않을 것임을 느끼고 사는 게 아닐까.

몇 천만 년을 살아갈 듯이 부(富)를 축적하고 남의 아픔으로 나의 위안을 삼기 예사이다. 나만 아는 이기심에서 헤어나질 못하고 사랑 대신에 손익을 따지는 이해타산으로 충만하며 조그마한 희생도 큰 난리가 날듯이 시끄럽기만 하다.

하나같이 잘난 사람들의 세상이요, 못나고 어눌한 사람은 아예 두 발로 버티고 설 수조차 없는 세상이 되어 가고 있다. 물구나무서듯 거꾸로 보이는 세상이지만 우선 나부터라도 서로 아끼며 사랑하고 가슴 가득히 품으며 살아가도록 노력해야겠다. 남의 허물도 내 눈에는 보이지 않고 무조건 사랑하는 마음만 우러나게 해준다면 더 이상 무엇을 바라고 살아가랴.

해마다 맞아하는 추석이지만 올해는 나의 생일과 겹친 추석이라 그런지 많은 것을 생각게 하고 천방지축 뛰놀던 가슴에 이제사 비로소 철이 좀 드는 게 아닐까 싶어진다.

아직도 길을 못 찾아

오늘, 오랜만에 양재천 둑길을 걸었다. 지난여름은 폭염과 지루한 장림(長霖)으로 최대한의 인내심을 시험해보는 듯한 계절이었다.

한가위를 준비하는 그 와중에 하늘이 뚫린 듯 쏟아 붓던 국지성 폭우는 백년 만에 처음이라니 하느님도 무심하다는 한탄이 저절로 나왔다. 양재천변도 예외는 아니었다. 둑 높이 절반 이상이 흙탕물에 잠긴 상태라 뿌리째 뽑혀 있는 나무들이 흉물스럽게 널브러져 있었다. 그나마 줄기차게 퍼붓던 폭풍우에도 쓸려가지 않고 모질게 목숨을 부지하고 있는 풀꽃들의 아우성이 여기저기서 들리는 듯했다. 무성한 밤나무 아래엔 그날의 고통을 절규 하듯이 가시가 가득한 밤송이가 입을 쩍 벌리고 뒹굴고 있었다.

어렵고 힘든 가운데도 하늘은 드높고 가을은 어김없이 오고 있었나 보다.

자연도 때가 되면 이렇게 눈에 뜨이게 변화하는데 왜 나는 아직도 길을 못 찾고 주변만 서성이고 있을까. 하느님에게로 가는 길이 짙은 안개 속에 가려져 도저히 향방을 헤아릴 수가 없다.

나는 오래전 갑자기 어머니를 잃었다. 천년만년 내 곁을 지켜주실 것만 같던 어머니가 이 세상을 뜨신 것이다. 햇살이 환하게 비추던 어느 날, 아침에 쓰러지신 뒤 곧바로 돌아가시게 되었다. 그 흔한 주사 한번 맞지 못하고 속절없이 떠나가셨다. 하늘이 와르르 무너져 내리는 충격을 받았다. 오랜 시간 나를 추스를 수 없을 정도로 심한 공황 상태에 빠지고 말았다.

가족의 정성어린 보살핌으로 그 늪에서 조금씩 빠져나오고 있지만, 마음은 늘 들판에 버려진 듯했다.

그 시절 대학 친구 송자의 배려로 유희명 대모님을 만나게 되었다. 허허롭던 내게 그분은 큰 기둥이 되어 주셨다. 그분의 신앙심은 차치 하고라도 가족과 이웃을 위해 계산하지 않는 사랑과 헌신을 오랜 시간을 두고 지켜보며, 부족한 나의 신심에도 어느새 조그만 불씨가 당겨지는 듯했다. 성서공부도 열심히 하고 봉사활동에도 참여해 보곤 했다. 하느님께서 버려진 나를 무조건 잡아주시는 것 같았다.

예비자 교리공부 끝에 영세를 받았다. 모든 부족함이 영세를 받으며 감춰지는 듯했다. 예비자 교리공부를 받던 어느 날 아기를 안은 젊은 새댁도 함께 공부를 하고 있었다. 공부 도중에 아기가 칭얼댔다. 그때 강단 위에서 벼락같은 호령이 들려왔다. 신부님이셨다.

"빨리 아기 데리고 나가시오."

너무나 놀라웠다. 신앙 초보자인 나는 신부님은 하느님의 대변자로 하느님 같으신 분이라고 생각했기 때문이었다. 어떻게 신부님께서 저렇게 이해를 못 하시고 고함을 지르실까? 한동안 내 마음 속의 파도를 잠재우기엔 많은 시간이 필요했다.

교리공부를 다 마친 뒤 신부님 개별 상담시간이 있었다. 드디어 내 차례가 왔다. 신부님을 뵙는 순간 가슴이 쿵쾅거렸다. 뭔지 모르게 두렵고 겁이 났다. 내 마음의 평정을 찾고 싶어 성당의 문을 두드렸는데 뜻 같지 않게 자꾸만 혼란스러웠다. 아니나 다를까 신부님께선 몇 말씀 물으시더니 성당 신축기금을 얼마 내겠는지 물어보셨다. 액수까지 지정해주셨다. 순간 참 당황스러웠던 기억이 아직도 잊히지 않는다. 신부복이 잘 어울리시는 수려한 모습의 신부님이셨는데.

어린 날은 부처님께 밤낮으로 기도 드리며 좌선하시던 어머니를 보고 자라났다. 어머니의 손에 이끌려 통도사에도 자주 갔었다.

어머니는 후일 대중 불교인 원불교를 돌아가실 때까지 믿고 따르셨다. 그런데 나는 사랑하는 어머니를 못 잊어 끝내 성모님을 향한 선택을 했는지도 모른다.

그러나 나의 얕은 신앙심의 발로인지는 몰라도 신앙인이라고 자처하는 훌륭한 분들의 아름답지 못한 모습을 참 많이 보아 왔다. 불교든, 기독교든 믿음을 가진 자의 참 모습에 얼마나 목말라 했던가? 허욕과 야망에 가득 찬 정녕코 이해할 수 없는 추한 모습들. 신앙을 빌미로 아집과 교만함을 드러내던 모습들. 오히려 신앙을 가지지 않아도 가진 자보다 더 귀하고 참된 모습들이 얼마나 많은가. 묵묵히 티 나지 않으며 남을 배려하고 옳은 길을 의연히 걸어가고 있는 진정성이 빛나는 모습들이 아쉽다.

'죽음은 우레와 같은 침묵으로 돌아가는 일'이라고 얼마 전에 열반하신 법정스님께선 '용서가 있는 곳에 신이 계신다'라고 설파하셨다. 누구에게든 누구를 향하든 용서는 화해의 지름길인데 우리네 사람들은 그 지름길을 끝끝내 마다하고 아주 먼 길을 돌아가고 있다. 힘겹게 돌아가고 있다는 그 사실조차 까맣게 모르고 말이다.

사람을 믿지 말고 하느님을 믿으라는 믿는 이들의 말씀이 귀에 쟁쟁한데도 왜 나는 아직도 이승의 사람들을 더 믿는 걸까. 왜 나는 아직도 이 세상 사람의 마음에 더 기대고 싶을까.

"어리석고 불쌍한 길 잃은 내 딸아, 어서 어서 악몽에서 깨어나라!"라고 오늘밤 꿈속에서라도 이 깊은 안개를 풀잎의 이슬처럼 거두어 주셨으면….

양재천의 달

1
적막을 소중히 여기는
나는 양재천의 달이다
신축 중인 건물 쇠 뼈대 난간에
자주 턱걸이하는 하현달
그나마 복개하듯이 밤이 앉으면
깊어 가던 가을밤 하늘가에 떠 있어
마음 놓고 혼자서 내려 보던 설레임
이곳은 빌라트
저곳은 아파트
하루가 다르게 치솟아
어제는 담홍빛 칠 난간에
오늘은 완벽한 곡예사의 줄타기하는 기중기에
내일은 또 어느 굉음에 놀라
뚝 떨어져버릴 건가
슬픈 나의 몸이여
어느새 내 시야를
한 치의 두려움도 없이 가로막는
저 몰염치한 횡포

언제 나의 하늘을 막아서는
허락을 받았는가
언제 나의 공란에
동그라미표를 찍었는가
매봉산 너머
피를 토하며 숨던 가을해가
오늘은 매봉터널 속으로 숨었다.

2
내일엔
분당서 달려오는 구룡 터널이 열리고
머지않아 우리나라에도
엠파이어 스테이트 빌딩이
곧 개포 벌에 착공된다 하니
바야흐로
사통팔달의 거리에 내팽개친
나를 본다
뭇 새의 지저귐에
밤새 촉촉이 젖은 내 귀를 열고
이슬 머금은 백공단 꽃잎에
발걸음을 잡히던 나날들
행복은 아주 조그마한 것에서부터
오고 있었는데
자꾸만 조여드는 숨통
어디까지 죄어올 건가
확 뿜을 데 없어
여태껏 지켜온 나의 하늘에서
그들처럼 양손에 은빛 칼을 들고
남의 하늘이라도 훔치러 갈까

어제를 결코 잊지 않는
나는 양재천의 달이다.

양재천이 개발되기 이전의 모습이 자고나면 그 옛 모습을 잃어가는 것이 안타까워 쓴 나의 졸시(拙詩)이다.

우리 가족이 강남구에 터전을 잡은 지도 어언 30년이 다 되어간다. 한 아파트에 둥지를 튼 지도 20여 년. 이웃의 변모하는 모습에 따라 우울해지기도 하고 즐거워지기도 한다.

우리가 개포동에 처음 이주했을 땐 자연 그대로의 양재 천변 이었고, 단장 되지 않은 둑길은 키 자란 코스모스 꽃길로 가을을 맞았으며 무성히 자란 백공단 꽃잎이 군락을 이루고 있었다.

논두렁 밭두렁을 요리조리 걸으며 한겨울엔 논바닥에 물을 댄 스케이트장에서 아이들이 오돌오돌 떨면서도 즐거워하던 모습을 볼 수 있었고 다 찌그러진 국자처럼 주름 가득한 얼굴의 할아버지가 만들어주던 또뽑기의 맛도 일품이었다.

양재천 건너편엔 올림픽운동장보다 큰 공터가 있어 매봉산 너머 떨어지는 해도 볼 수 있었고 길 건너 교정을 거니는 숙명여중・고 소녀들의 모습도 볼 수 있었다. 그 공터엔 화재로 생활의 터전을 잃은 서초동 화훼단지 주민들의 숙소도 지어졌고 군사 경비대 막사들이 즐비하게 들어서기도 했다. 오른쪽으로 돌아나가면 가을엔 쩍쩍 배가 갈라진 밤송이들이 탐스럽게 달려 있는 밤나무 숲이 있었고 내가 늘 지나다니길 좋아하던 수도공고 앞길이 펼쳐진다. 수도공고를 왼쪽에 두고 양 옆으로 늘어서있는 배밭을 지나노라면 봄철에는 배꽃이 하얗게 웃으며 손짓하곤 했다.

달빛이 교교히 흐르는 봄밤, 그 배밭을 지나노라면 희다 못해 달빛에 푸르게 익어가는 배꽃들의 합창은 가히 환상적이라 할 수 있다. 이렇게 아름다웠던 자연 그대로의 양재 천변이 개발에 따라 그 유명한 타워팰리스가 들어서고 하루가 다르게 빌딩숲이 들어서 그 어디 마천루가 부럽지 않게 된 듯하다.

하늘을 찌르듯 솟아있는 살기 좋은 최고급 주거 공간이지만 그 누구의 허락도 받지 않고 우리의 시야를 우리의 하늘을 가로막고 있는 흉물 같은 문명이 왠지 때로는 야속하게도 느껴진다.

강남구에서 잘 가꿔주는 양재천은 바닥이 훤히 들여다보이는 물속에 온갖 다양한 물고기가 노닐고 하얀 두루미가 한발로 서서 요가를 하는 모습도 종종 볼 수 있다.

뜨거운 여름 햇살을 받고 잘 익어가는 논밭의 벼도 볼 수 있고 형형색색의 의상을 걸친 허수아비들이 올해도 즐비하게 늘어서서 참새들을 쫓고 있는 평화로운 모습도 보인다.

새벽부터 밤늦도록 건강을 다지는 발걸음이 줄을 잇고 무성한 숲길을 유유히 노니는 뱀들의 출몰도 더러 볼 수 있다. 서울 도심에서 이만한 자연과 가까워지려는 동네가 어디 그리 쉬운가. 아직도 이곳을 쉬이 떠나지 못하는 까닭이 아닌지 모르겠다.

유년 시절을 남쪽 항도에서 보낸 나는 이제 서울이 제2의 고향이 되어가고 있는지도 모르겠다. 인위적이지만 잘 가꿔진 양재천에서 오늘도 사라져가는 모든 것들을 되새기며 아름다워 지려는 서울을, 하루하루 아름답게 변모해 가는 양재천을 마음껏 사랑하리라.

잃어가는 것, 그 불꽃

올 여름은 유난히도 더웠다. 해마다 여름만 되면 불타는 태양과 땀과의 전쟁으로 고달픈데 이번 여름은 하루하루가 힘겨운 나날이었다. 사람은 저마다 참을 수 있는 한계점이 있기 마련인데 지난 여름은 그 한계를 넘은 듯 머릿속조차 명확하질 못했다.

어느덧 구월의 문턱을 넘어 서니 아침저녁으로 제법 서늘한 바람이 놀러오기도 한다. 여름 내내 귀가 아리도록 합창으로 울어대던 매미도 연주회 시즌이 끝나 가는지 한결 조용해졌다.

해거름만 되면 양재천 둑방길을 가득 메우던 맹꽁이 울음도 이 가을에 계속되고 있을까.

계절도 한 해가 시작되면 그 누가 시키지 않아도 얻는 것과 잃는 것이 순서대로, 순리대로 이뤄져 가는데 우리 인생길에도 태어난 순서대로 순리대로 오고 가면 얼마나 좋을까.

새천년 접어들어 많은 분들이 내 곁을 떠나갔다. 명치끝에서 송곳으로 찌르듯 후벼 파는 이별의 아픔들이 수많은 밤을 지새우게 했다. 시간과 공간이 흐르면 흐를수록 그리움의 농도와 그리움의 빈도수가 자꾸만 높아지는 건 어인일일까. 이승에서의 아름다웠던 나눔이 소리 없이 결별의 강을 건널 때 그 막막한 절망감으로 허무의 늪 속에서 허우적댄다.

지난여름 문단의 원로이신 소설가 구혜영 선생님께서 이 세상을 떠나셨다. 급작스런 비보에 달려갔더니 살아생전 선생님의 그 모습 그 미소가 영정사진으로 걸려 있었다. 그동안 힘겨운 투병생활을 하시면서도 만나 뵐 때면 늘 어머니처럼 푸근하고 함박꽃 웃음으로 맞아 주시던 선생님.

무슨 말씀이든지 드리면 "오~ 그래? 그렇군, 그렇지~"라고 언제나 긍정적으로 잘 들어주시던 우리 선생님. 오래전 딸처럼 아끼고 사랑하던 며느리 혜원님과 우리 모두 함께 배웠던 컴퓨터 공부를 하시면서 소녀같이 웃으시던 해맑은 모습. 이사하신 새 아파트에서 며느님의 음식 솜씨를 마음껏 자랑하시던 선생님. 분출할 줄 모르던 제 마음을 캐내어 주시고 어루만져 주시던 선생님.

내가 문단에 등단하기 전부터 선생님과의 인연은 시작되었었다. 분야도 다르고 훨씬 높은 연배시지만 언제 어느 곳에서 뵈어도 한결 같으시고 사심이 없으셨다.

타계하시기 얼마 전 병원을 옮기신다면서 "나 치료 끝나면 우리 맛있는 것 사 먹자."라시며 "우리 혜원이 하고 꼭 함께 하자."라고 하신 말씀이 생전에 제게 주신 마지막 말씀이셨다.

선생님을 뵐 때면 아무것도 섞이지 않은 맑은 샘물이거나 높은 온도에서도 산화하지 않는 순도 높은 백금이거나 구름 한 점 없는 늦가을의 하늘을 느끼게 하는 어른이셨다. 이 세상이 주는 고달픔과 짙은 외로움조차도 선생님 앞에서는 쉬이 느낄 수 없었다.

마지막 가시는 날, 선생님의 눈물처럼 장대비가 쏟아졌다. 의젓하고 지극히 효자이신 아드님과 딸처럼 아끼며 사랑하시던 며느님도 다 두고 애통하게 눈물짓는 사랑하시던 문우들, 모두 모두 가슴에서 놓아버리고 모든 인연의 끈을 끊고 가신 걸까.

아직도 선생님께서 사랑하셨던 이승에서는 선생님의 소설집 제목처럼 '해결되지 않은 불꽃'이 활활 타오르고 있을 겁니다.

사랑하는 선생님! 못 다 드린 말씀이 가슴 가득 차오릅니다. 선생님과의 지난날 아름다웠던 기억을 오래 오래 새기겠습니다. 부디 더딘 걸음으로 선생님, 좀 더 천천히 가시옵소서.

이승에서의 고통은 모두 떨치시고 훨훨 오르시옵소서.

3.

오늘도 산을 오르며

종이꽃

네게 꼭 전해주고 싶은
내 기진한 맥박 있네

종이꽃에 심어주는
내 기도의 마지막 장

한 겹씩 눈을 뜨거라
핏줄이여 뛰거라.

넌 꼭 살아야 해
꽃을 다시 피워야해

꽃술 하나하나까지
내 그리움이 치닫는

네 꿈을 활짝 펼쳐서
영원히 지지 않을 꽃.

- 홍오선, 『종이꽃을 접으며』

이 시조를 쓴 홍오선 님은 나의 대학교 친구이다. 4년이란 긴 시공은 끈끈한 우정을 쌓게 해주었고 있는 듯 없는 듯 그림 같은

참하고 얌전한 규수로 내 가슴에 자리해 왔다.

어느덧 졸업한 지 50주년이 가까워 온다. 오선이는 심금을 울리는 많은 시조를 빚어 황량한 우리네 마음을 어루만져주곤 했다.

지금도 쪽진 머리를 곱게 빗어 넘긴 것 같은 동양적인 예쁜 모습으로 어깨가 아프도록 뜨개질한 무수한 작품들을 많이 만들어 인연을 맺은 누구에게라도 선물로 보내곤 한다. 그 많은 시조집을 출판하면서 언제 또 뜨개질로 밤을 밝혔단 말인가.

손수 핸드백을 만들어 우편 택배로 내게 보내주기도 하며 정성들인 뜨개질 작품을 많이 보내와 외국의 아들 집과 딸네 집에 갈 때 선물로 가져가기도 했다.

그 누구의 위로도 가슴에 닿을 수 없던 지난날.

나는 아직도 한마디의 마음을 건네지 못했다.

유리알 심장에 박힌 못을 쉬이 뺄 수가 없어 오늘도 내 친구의 미소에 화답하고 읊조리며 아파한다.

나이가 무거워질수록 자주 잠을 잊은 밤 허공을 맴도는 기도일지라도 오늘, 너에게 바친다. 나의 친구야!

나뭇잎배

- 박홍근 선생님께

선생님!

선생님께서 이승을 떠나신 지도 어언 몇 해가 지나가고 있습니다. 시간과 공간은 선생님을 저 멀리로 자꾸만 모셔가고 있습니다.

이렇게 빨리 저승의 주소로 이주 하실 줄 예전에 미리 눈치라도 챘었다면 선생님께 이루지 못했던 그날의 약속에 대한 변명과 해명이라도 드렸어야 했었는데…. 앞지르는 마음보다 저의 극심한 게으름의 소치로 이런 씻을 수 없는 실수를 저지르고 말았습니다.

그 해 삼월 하순 어느 날 경부선 하행열차 속에서 펼쳐든 조간 신문의 부고란에서 선생님 별세 소식을 들었습니다. 참으로 어처구니없는 소식이었습니다. 그 며칠 전에 선생님의 근황을 사모님으로부터 듣고는 있었지만 어쩌면 그렇게 갑자기 떠나시다니요.

선생님, 여러해 전 동숭동의 흥사단에서 아는 시인의 수상식이 열렸었지요. 그날 식이 끝나고 출입문에서 마침 선생님을 뵙게 되었습니다. 너무나도 반가운 마음에 아래층 찻집에서 차라도 대접해 드리고 싶다고 말씀 드렸더니 언제나 한결 같으신 인자한 미소로 흔쾌히 "그러자."고 하셨습니다. 선생님께 먼저 내려 가 계시라고 말씀 드리고 곧장 아직도 파하지 않은 수상식장에 다시 들어갔습니다. 늘 절친하게 가까운 구혜영 선생님과 강민 선생님, 전옥주 선생님을 모시고 아래층 찻집으로 황급히 내려갔습니다. 연로하신 박홍근 선생님께서 먼저 내려가 계신다는 송구스런 마음으로 행동은 무척 다급해 하지 않았나 싶습니다.

마침내 일층에 다다라 찻집 문을 있는 힘을 다해 밀쳤습니다. 그런데 이게 어인 일입니까.

문을 밀친 순간 내 얼굴엔 번개가 번쩍하며 온 얼굴이 뭉개지는 느낌이었습니다. 참으로 찰나란 이런 걸 의미하는 걸까요? 처음엔 극심한 통증보다 주위의 시선이 부담스러워 두 손으로 얼굴을 감싸고 있었습니다. 그 찻집의 유리문은 전체가 유리로 되어 있었고 왼쪽이 출입문이며 오른쪽 통유리엔 출입문과 같이 아무런 표시 하나 없는 고정 문이었습니다.

선생님, 저는 선생님과의 약속도, 그리고 그 어떤 상황의 설명도 인사도 아무것도 지키지 못하고 피 범벅이 된 얼굴을 싸안고 근처 서울대학병원 응급실로 달려갔습니다. 앞니가 충격으로 내려 앉아 다시 제 자리로 끌어 올리는 수술을 해야 한다는 것입니다. 밤은 깊어 가고 혼자 겪는 외로움과 앞으로 내 앞니는 어떻게 될 것인가라는 두려움에 너무 무서웠습니다. 집에서 이제나 저제나 하고 기다리고 있을 남편에게 차마 이 소식을 전할 수가 없었습니다.

밤 열한시나 되어서야 집에 도착할 수 있었습니다. 왜 이렇게 늦었냐는 꾸중 앞에 그만 소리 내어 울고 말았습니다. 몇 시간 동안의 황당했던 공포와 외로움의 싸움이 일순 와르르 무너져 내리는 것 같아 쉽게 쉽게 눈물지었습니다. 지금도 신경이 끊어진 앞니를 버젓하게 지니고 살아가고는 있습니다만….

선생님, 아주 오래전 시인이신 강민 선생님의 '무수막' 출판사에서 처음 선생님을 뵈었습니다.

아동문학을 하시는 분이라 그런지 언제 뵈어도 아기같이 순수하셨습니다. 아버님처럼 인자한 웃음으로 "김 선생, 김 선생." 하며 불러 주시던 우리 선생님. 『보이스카웃』 잡지와 가톨릭잡지에 여러 차례 작품을 실리게 해주셨고 "김 선생, 요즘 시 많이 쓰시오?" 전화도 가끔 보내 주시며 언제 뵈어도 웃음 띤 얼굴로 별 말씀 없이 점잖으신 선생님.

선생님께서 지으신 수많은 동요 중 '나뭇잎배'는 삼십년 전 우리집 딸아이가 초등학교 학예회 때 독창했던 아름다운 곡이기도 합니다. 딸아이가 즐겨 부르던 노랫소리에 귀가 익어 오늘도 손녀들과 자주 부르곤 합니다.

참으로 슬펐던 그 해, 꽃이 피는 봄날에는 박홍근 선생님을 잃었습니다. 열매가 익는 여름날엔 구혜영 선생님을 잃었습니다. 아무리 세월이 흘러도 변함을 모르시던 한결 같으시던 아름다운 우리 선생님. 먼저 끊으신 하늘나라 행 차표 때문에 그리도 급하게 먼저 하늘의 승강장을 오르셨나요? 언젠가는 선생님을 따라 저도 하늘나라 여행 차표를 끊을 날이 오겠지요.

오늘은 먼저 선생님의 명복을 엎드려 빌며 다시 한 번 지키지 못했던 그 약속, 용서를 구하나이다.

끝으로 선생님의 '나뭇잎배' 한번 불러 보겠습니다.

선생님이 계신 그 나라까지 잘 들릴까요.

낮에 놀다 두고 온 나뭇잎배는
엄마 곁에 누워도 생각이 나요
푸른 달과 흰 구름 둥실 떠가는
연못에서 사알 살 떠다니겠지

연못에다 띄워 논 나뭇잎배는
엄마 곁에 누워도 생각이 나요
살랑 살랑 바람에 소근 거리는
갈잎 새를 혼자서 떠다니겠지.

사람과 사람 사이

내가 사는 아파트 동(棟)마다 매월 첫째 금요일엔 성당 반모임이 열린다. 오래전부터 있어 왔지만 가끔 참석치 못할 때도 있고 참석했어도 때로는 가슴 깊이 와 닿지 못할 때가 더러 있었다. 그런데 이번 달 반모임에서 있은 복음묵상은 나에게 많은 느낌을 주었다. 묵상할 때마다 한없이 풀어지는 마음을 매듭지어 주는 듯했다.

묵상의 요지는 대강 이러했다.

"얻는 것과 잃는 것 중 하나를 택하라고 하면 대부분 얻는 것에 마음이 가게 됩니다. 하나라도 잃는 것에 대해서는 몹시 언짢은 반응을 보이게 됩니다. 그러나 정작 사람을 만나는 부분에서는 하나씩 둘씩 늘리는 것이 아니라 하나씩 둘씩 잃는 것이 우리의 관계인 듯합니다.

작은 오해에서 시작된 사소한 말다툼이 평생의 어긋남이 되어 가까웠던 두 사람이 일생을 원수로 살아가는 모습을 주위에서 본 일이 있습니까? 이렇게 우리는 참으로 많은 것을 잃어가면서 살아갑니다. 그래서 친구보다 적이 더 많은 세상을 살고 더 많은 적과 대응하기 위하여 늘 경계의 자세를 늦추지 않습니다. 다른 이를 믿지 못하고 내 마음을 남에게 전하지 못하며 하루하루 전전긍긍하는 삶을 살아가고 있습니다. 다른 것은 잃어도 다시 찾을 수 있습니다. 하지만 형제를 잃는다면 다시는 되찾을 수 없을 것입니다. 우리는 지금 이 순간 무엇이 진정 소중한 것인지 깊이 생각해 보고 더 소중한 것에 마음 한 번 더 두어야 할 것입니다."

우리는 어머니의 몸에서 나와 탯줄을 끊음과 동시에 나 혼자가 아닌 다른 사람과 어울리게 된다. 맨 처음엔 부모님, 그리고 형제 가족과의 만남으로 사랑을 알게 되고 점차 자라나면서 친구와의 우정, 은혜를 주신 선생님, 그리고 일생을 같이하는 사랑하는 배우자와의 만남과 시댁이나 처가와의 융화가 이 생(生)을 다 하는 날까지 지속된다. 그리고 직장이나 사회에서의 만남이 오랫동안 지속되며 평생을 통해 만남과 헤어짐의 연속이라고 할 수가 있다. 그만큼 인간으로, 사람으로 태어났기에 사람과 사람과의 만남 또한 소중하지 않을 수가 없다. 사람을 만남으로써 무지개 빛깔 같은 꿈을 그려볼 수가 있으며 싱그러운 풀잎 향내 같은 그리움도 쌓을 수가 있으리라.

하지만 만물의 영장인 사람에겐 생각할 수 있는 능력이 있고 머리를 쓸 줄 아는 지혜가 있다. 그 능력과 지혜를 바르게, 옳은 곳에 쓴다면 무한대의 밝음이 찾아올 것이요 그 능력과 지혜를 어둡게, 비뚤어지게 쓴다면 언젠가 어두운 파멸이 찾아올 것이다.

나보다 남이 잘 됨을 바로 볼 수 없고 나보다 남이 바르게 가는 길은 무슨 수단과 방법을 써서라도 막아서는 심사라고 할까? "악화(惡貨)가 양화(良貨)를 구축한다."는 말처럼 선(善)은 늘 악(惡)의 뒤에 가려져야 하고 선(善)은 늘 악(惡)의 그늘에서 한숨과 비통함의 눈물을 쏟아야 한다.

사필귀정(事必歸正)이라는 옛말이 있지만 마지막 옳게 돌아가는 그 길까지 그 과정의 고달픔은 어디에서 보상을 받아야 하는지. 이기(利己)가 불러 모으는 화근은 우리 역사나 세계사 속에서도 잘 나타나 있지만 현세 오늘날에도 선(善)과 악(惡)은 버젓이 공존하고 있다. 내가 앞서려면 남을 가차 없이 짓밟고 딛어야 하며 눈에 뜨이게 양면성의 얼굴을 일루의 부끄러움 하나 없이 하얗게 분칠을 하고 일어서고들 있다. 굳이 성선설을 들추지 않는다 해도 무엇이 이토록 심성을 황폐화 시켰을까. 사람이 사람을 믿지 못하고 늘 경계의 자물쇠를 채우고 다녀야 하다니. 누구나 이 세상 밭을 가꾸며 살아가면서 특히 사람과 사람 사이에서 체험하지 않으면 안 될 아픔을 아주 커다랗게 갖게 될 것이다.

사람들은 "내 마음 같은 줄 알았는데…." 하면서 믿었던 태산이 어느 날 와르르 무너져 내리는 배신을 당하기도 한다. 믿었던 일들은 언제나 가장 가까운 근거리에서 홍수처럼 밀려오기도 한다.

맑은 호수에 비친 산 그림자 같은 투명한 사람과 사람 사이는 존재할 수 없을까. 비 온 뒤 갠 가을 하늘 같은 사람과 사람 사이는 아주 사라져 버린 걸까. 팔팔했던 젊은 시절보다 연륜이 쌓여가면 갈수록 더 쓸쓸하고 아픈 사람과 사람 사이를 체험하게 되는 건 어인 일인가.

젊은 시절보다 더 깊게 패인 상처를 치유하기엔 시간이 너무 오래 걸린다. 그래서 스스로 마음의 덧창을 닫아걸고 그 상처가 두려워서 자꾸만 어디론가 꽁꽁 숨어버리고 싶은지도 모르겠다.

목숨이 다하는 그날까지 어디에서든 다치지 않는 푸르른 숲으로 가득 찬 그런 낙원(樂園)을 한 번쯤 찾아볼 수 있을까. 한 번쯤 디뎌 볼 수 있을까?

세월의 덧창을 열고

- 나의 부산 시절

시심

부산, 이름만 떠올려도 금세 탁 트인 바다가 눈앞에 펼쳐진다. 먼 수평선으로부터 잰걸음으로 오는 부산의 봄은 유난히도 짧고 바람이 잦은 고장이다.

지금쯤 봄 바다는 스멀스멀 피어오르는 아지랑이와도 꽤 친숙해져 있을 것이고 봄 햇살을 받아 더 엷은 비취색으로 물들어 가고 있으리라.

요즘도 시댁과 친정 나들이 때마다 수시로 오르내리지만 부산역 플랫폼에 내릴 때면 코끝에 확 와 닿는 바다가 풀어내는 갯내음과 유년의 추억을 일깨워주는 비릿한 바닷바람에 공연히 마음마저 설레게 된다. 어느새 내 귓가에는 장 콕토의 속삭임이 들려오고 있다.

"내 귀는 한 개의 소라껍질 먼 바다 물결 소리가 그립습니다."

태어난 곳은 아니지만 부산은 아름다운 나의 고향으로 지금껏

마르지 않는 시심(詩心)을 길러준 곳이기도 하다.

오래전 일이지만 단발머리 제복의 중학 시절 박창숙 국어선생님을 따라 친구들과 이종택 시인을 찾아뵌 적이 있었다. 다대포의 바다가 내려다보이는 언덕에 요양생활을 하고 계실 때였다. 그날따라 오월의 훈풍마저 감미로웠고 바다 또한 잔잔히 졸고 있었다.

통나무로 엮은 언덕 위의 작은 집 유리창을 통해 내려다 본 그날의 바다를 지금도 가끔 기억해 내곤 한다. 어린 중학생 소녀의 눈에 비친 요양 중인 키 큰 시인(詩人)이 그렇게 멋져 보일 수가 없었다. 그것도 매일 바다와 함께 생활할 수 있다는 여건이 그처럼 부러울 수가 없었으니…. 지금 생각하면 하나만 알고 둘은 몰랐던 어린 시절이었던가 보다. 우리 일행이 다녀간 며칠 뒤 그 시인께서 발표한 그날의 느낌을 신문지상에서 읽을 수가 있었다. 그 뒤로 지금까지 한 번도 뵌 적은 없지만 한창 시심에 눈 뜨던 그 시절의 다대포를 지금도 잊을 수가 없다.

몇 해 전 잠깐 딸네 집에 들렀을 때 그 옛날의 박창숙 선생님께서 휴대폰으로 연락을 주셨다. 참으로 얼마만인가. 어떻게 내 소식을 아셨는지. 반가운 안부인사 끝에 "언제 꼭 한번 뵙고 싶습니다." 하고 연락처를 적었는데 어찌된 일인지 그 쪽지를 지금까지 찾지 못하고 있다. 얼마나 안타까운 일인지 답답하기 그지없다. 그 많은 제자 중에 나를 기억해주신 선생님. 어떻게 찾아뵐 수 있을는지요?

화동

나는 경남 양산군 순지리 신평의 외가댁에서 태어났다. 내가 다섯 살 때 우리 가족은 부산으로 이사를 했다. 부모님은 일찌감치 나를 부평동에 있는 보명유치원에 보냈다고 한다. 어린 나이인데도 곧잘 따라했는지 원아들 앞에서 선생님이 시키는 대로 시범을 보이곤 했다. 선생님께선 결혼식 때마다 신랑신부 앞에서 꽃바구니를 들고 꽃 뿌리는 화동을 시켰다.

1948년 백범 김구 선생님께서 신탁통치반대 행사로 부산 공설운동장에 오셨을 때 나는 꽃다발을 드리는 화동이 되었다. 꽃다발을 받으시곤 나를 번쩍 들어 안아 주시던 기억이 어슴푸레 나기도 한다. 그때는 얼마나 훌륭하신 분인지 아무것도 모른 채 선생님 시키시는 대로 했을 뿐이다. 살아오면서 은연중에 훌륭하신 백범 김구 선생님을 존경하게 되었고 그 어린 나이에 가까이에서 뵈었다는 자긍심이 남몰래 싹트고 있었는지도 모른다.

선생님께서는 일제 강점기, 나라의 독립과 통일 민족 국가 건설을 위해 투쟁하고 애국계몽운동을 전개했던 독립운동가로 임시정부의 초대 경무국장을 거쳐 국무위원과 주석을 지냈으며 이후 여러 갈래로 갈라진 민족독립 운동 진영을 통합하고자 애쓰셨다.

해방 후 신탁통치에 반대했던 선생님은 반탁운동을 맹렬히 전개했고 완전 자주독립 노선을 주장했으나 1949년 6월 26일 서대문 경교장에서 육군 장교 안두희가 쏜 총탄을 맞고 서거 하셨다. 나는 여러 번 경교장의 이층 방 현장을 보면서 선생님은 가고 없지만 역사는 오늘도 말없이 흐르고 있음을 가슴 저리게 새기고 있다. 오래전 『백범일지』도 사서 읽어 보았다.

추상

나는 부산에서 성장했기 때문에 집에서 학교로 다녔던 거리와 골목골목의 생김새, 검정다리목의 날짐승 들짐승의 박제된 모습이 등하교 때마다 자연스럽게 접했던 소형박물관이었다. 보수동 헌책방을 기웃거리는 작은 기쁨과 늘 반갑게 맞아주던 평화서림의 아저씨. 고전음악에 심취되어 좋아하는 음악을 LP판으로 연달아 듣던 젊은 날의 낭만이 새삼 그리워지기도 한다.

지금은 하루가 다르게 변모해 가는 부산이지만 마차를 타고 어머니 손에 이끌려 친척집을 방문했던 어린날도 있었고 전차를 타고 동래역에 내려 미나리꽝을 지나 낙민동의 아래채, 위채가 있는 마당

너른 6남매를 두셨던 동래이모님 댁에 놀러갔던 기억이 새롭다. 또한 큰언니 결혼식에 갔던 기억이 어슴푸레 나기도 하고 둘째 언니는 우리 오빠에게 친구를 소개하여 그분이 나중 나의 올케언니가 되었다. 이종사촌 오빠의 ROTC임관식에 참석했을 때 제복을 입은 봉명오빠의 멋진 모습이 어제처럼 선연하기도 하다. 그리고 셋째 딸 길자의 결혼식에 축하객으로 참석한 인연으로 지금의 남편을 만나게 되었다. 나이가 들면 들수록 오랫동안 묵혀 있던 옛 추억들이 더욱더 또렷이 기억의 갈피 속에서 불쑥 한 번씩 고개를 내밀곤 한다.

6·25동란을 겪은 뒤라 그런지 그 당시 부산엔 화재가 많이 났었다. 내가 살던 신창동이 국제시장 근처라 대화재 때 우리 집도 다 타버렸다. 불시에 닥쳤던 재앙이었다.

어린 나의 기억에는 오빠가 사진 작업을 하시던 2층 방 암실의 사진 기자재들과 많은 사진들, 카메라와 들고 다니던 나의 초등학교 책가방 걱정이 전부였다.

우리 집이 불타던 그날 밤, 중앙동 두부공장 학광 아저씨 댁에 피난을 갔었다. 밤이 늦도록 부모님과 오빠의 자조 섞인 말씀들을 설핏설핏 잠결에 들으며 잠투정하던 동생을 토닥이던 기억이 난다. 이튿날 가족들과 다 타버린 우리 집엘 가보았다. 신창동 조흥은행 옆 우리 2층집은 온데간데없어지고 깨진 항아리에 소복이 쌓여 있는 된장과 불타다 반쯤 깨진 간장독에 화마를 피해 도망가다 빠진 쥐들이 가득했다. 망연자실해 계시는 부모님 곁에서 나는 너무 슬퍼 울고만 있었다.

이웃 이야기

지금도 흘러가버린 옛 시절이 그리워질 때면 성장기의 부산을 떠올린다.

신창동, 보수동과 부평동. 내가 살았던 동네 이름이다. 어린 시절 나의 눈에 담겨져 있던 모습들, 그 동네마다 잊혀지지 않는 골목과 골목길을 훑어가던 바닷바람 그리고 언제라도 두드리면 활짝 열어줄 것만 같은 정겨운 창문들, 나무 전봇대들, 당시엔 일제의 잔재로 일본식 건물이 대다수였다. 일요일이면 꾀죄죄한 모습으로 대야를 들고 동네 목욕탕을 찾아 나설 때마다 어김없이 누군가와 꼭 마주치던 일…. 대문을 나서면 내 시야에 비쳐지던 어느 창가 파란 교복의 까까머리 남학생의 옆모습은 사춘기 소녀의 마음을 한없이 설레게도 했다.

여름이면 등나무가 무성했던 앞집 딸부자 댁 영숙이 집. 그 댁 어머니는 영숙, 희숙, 정혜, 귀혜의 네 딸과 아들 경수를 낳으셨다. 언제나 집을 지키시며 자녀들을 돌보시던 현모양처이셨다. 어느 해 여름 앞집에 놀러간 내게 불꽃놀이가 한창인 하늘을 가리키면서 "아! 하나비다, 하나비"라고 설명을 해주시며 일본 말을 곧잘 하시던 기억이 난다. 아버지 장례 치르실 동안에도, 나의 결혼식 즈음에도 우리 어머니를 많이 도와주시던 아름다운 분이셨다.

오래된 벗들

어릴 때, 우리 집을 가려면 앞집 옆 골목을 지나 남쪽으로 난

철문을 사용했다. 석류나무와 단풍나무가 드리워진 서쪽 나무대문은 가끔 손님이 드나드는 문패가 달린 대문이었다. 그러나 우리 가족은 늘 남쪽으로 나 있는 철문을 사용했다.

그 철대문 앞에서 아침이면 재생한의원의 딸인 친구 성미가 새하얀 얼굴의 단정한 모습으로 학교에 같이 가자고 부르러 왔다. 순진무구한 모범생이었다. 가끔 경복양조장의 조카인 경자가 늦은 밤, 수제비를 만들어 맛난 야식을 맛보게도 했다. 그 친구는 딸 부잣집 큰딸로 독서광이었다.

옆집 솜 공장 댁의 친구 장숙이는 학교 테니스선수이며 그 아버지도 테니스를 잘 치셨다. 부평동의 친구인 미진강이는 옛 이름이 미순이라 지금도 늘 입에 익은 미순이로 부른다.

언제 만나도 늘 해맑은 동네 친구이면서 지금도 서울에서 성악을 하는 멋진 친구이다.

같은 동네의 서수는 언제나 남이 들어서 언짢을 말을 절대 안하는, 아니 못하는 친구이며 자기의 의사를 먼저 내놓지 않고 언제나 타인을 배려하는 친구이다.

부평동에서 맺어진 또 한 친구, 초등학교 동창인 가지는 월궁예식장의 딸로서 노래 잘 하는 착한 친구였다. 수십 년이 흘러간 오늘까지 만나면 두 손을 맞잡고 옛날 초등학교 6학년 6반 시절의 우리로 돌아가 있는 순수한 모습이다.

부산여중 학교 아래 비밀식당에서 먹던 국수집, 국수에 얹어 주는 고명이 단무지 채와 대파 썬 것과 설설 뿌려주던 고춧가루가 전부였는데 그 시절엔 왜 그리도 맛이 있었을까?

학교 오르내리는 보수동 길에 센베이 가게에서 풍기는 달달하고도 향기로운 그 내음. 광복교회 근처 만복당의 단팥죽과 곁들여 주던 식빵의 그 맛은 지금도 친구들과의 옛 이야기 속에 회자되기도 한다. 동네 추어탕 할머니 가게는 유일한 외식을 할 수 있는 편안한 가게였으며 사촌 혜옥이의 친구 집이기도 했다.

친구 청자와 영남극장에서 단속 나오신 선생님을 피해 몰래 보던 영화. 부산여중을 졸업한 친구는 서울 금란여고로 갔으며 대학가서 신문방송학과에 입학한 친구를 다시 만나 참으로 기뻤다. 행당동 신혼 시절, 근처 쌀가게에서 우연히 마주친 일이며 버스를 타고 가는데 충무로 대한극장 앞에 서 있는 청자를 보고 반가워 내가 내렸던 일, 오래전 강남의 버스 속에서 또 마주친 묘한 우연이 너무 많다. 내가 이사 할 때마다 며칠씩 언니처럼 도와주곤 했다. 젊은 날에는 강원이와 셋이서 생일을 돌아가며 축하도 해주곤 했는데 정해진 모임이 없으니 자연스레 만남이 뜸해져 전화 목소리에 그리움을 전하기도 한다. 그러나 늘 만날 날을 기다릴 줄 아는 오래 묵은 나의 친구로서 서로 소원함을 모르는 소중한 벗이다. 묵은 장맛 같은 친구는 이래서 좋은 것인가.

그리고 지금은 소식이 끊긴, 할머니 사랑이 지극했던 친구 은자와 융자는 어느 하늘 아래에서 이 노년을 보내고 있을까?

여름이면 광복동의 석빙고 아이스케키, 남포동의 원산냉면, 그리고 대학 시절 유일하게 클래식의 아름다운 음률을 선사해주던 오아시스다방과 에츄드다방. 눈을 감고도 찾아갈 수 있을 듯한 그리운 곳이기도 하다. 제일극장 앞 '18번 완당' 가게는 친구 부모님이 경영하셨는데 당시엔 유명한 곳이기도 했다. 어느 해 겨울, 찾아가 봤더니 옛날의 완당과 완당면 맛이 아니었다. 세월이 흐르면서 내 입맛도 변한 것일까.

시화전

대학 3학년 여름방학에 부산시 공보관에서 국제신보사, 부산방송국, 이화여대동문회, 부산여고동창회 후원으로 이화 삼인전(梨花三人展)을 열었다. 친구 김현자와 후배 김혜자와 각각 7편의 시를 선보였다. 나의 작품 목록은 아래와 같다.

1. p港
2. 江華調
3. 목숨 II
4. 同心草
5. 序章〈바다〉
6. 겨울 나그네
7. 小曲 三題

부산여고 김무조 선생님의 주선으로 시화(詩畵)는 김영교, 이석우, 이윤제 화백님이 그려 주셨고 글씨는 양진니 서예가님이 도와주셨다. 한여름 내내 힘든 작업과 주위의 많은 분들의 격려가 시화전을 잘 치르게 했다.

60년대부터 2010년대 후반까지 50년의 세월을 기차를 타고 남으로 내려가는 동안 얼마나 많은 설렘의 그네를 탔던가.

그 시절마다 색깔이 다른 양상으로 내 눈에 보인다. 하나같이 소중하고 진귀한 나의 시간들이었다.

약대를 나온 친구 성미는 직장생활을 하면서도 내가 부산에 내려가면 집안 가득 클래식 음률을 젖게 하여 촛불을 밝혀 두고 커피 향을 내려주면서 나를 행복하게 해주었다. 이 나이까지 병원의 약국장님으로 근무하고 있다.

어느 해 11월, 부산의 친구 귀지 집에서 지금은 고인이 된 친구 호정이와 고장 난 수도관의 내뿜는 물을 막느라 이리 뛰고 저리 뛰며 박장대소하던 그날의 기억들. 어느 해 가을, 귀지 집에 머물고 있는 나를 보러 늦은 밤에 케이크를 사들고 놀러 오던 고성이 고향인 친구 정선이. 귀지의 다도(茶道) 솜씨는 밤이 늦도록 거실 가득 차향(茶香)으로 익어가고 약한 몸으로 누구에게나 정성을 다해 베풂음의 사랑을 실천하는 친구 귀지가 한없이 미안하고 고마웠으며 그가 부러웠다.

부모 형제 친구와의 풋풋하고도 끈끈한 추억과 달이 살아 오르는 청사포와 태종대. 송도의 윗길과 아랫길을 걸어가며 혈청소로 돌아가는 언덕 모롱이의 아련한 추억과 햇빛에 살아나는 파도와 비릿한 갯바위 내음은 꿈속에서도 가끔 나를 깨우는 그리움이기에 오늘도 황혼의 굵은 손마디로 빛바랜 사진첩을 자꾸만 뒤적여 본다.

끈끈한 우정

지금은 부산에서의 추억을 내 가슴 반쪽에 앉혀 두고 서울에서 50년 넘게 쌓아온 친구들과의 끈끈한 우정으로 살아가고 있다. 각자 주어진 삶에서 시간을 쪼개어 얼굴을 보여주며 하하 호호 무엇이 그리도 웃을 일인지 만나면 시간 가는 줄 모르게 즐겁기만 하다. 같은 시대를 함께 걸어가며 서로의 위안이 되고 서로의 기댈 벽이 되기도 한다.

나의 신혼 시절에 모임을 시작했던 부산여고 꽃술회 친구들. 언제나 점잖고 배려하는 마음이 가득한 소중한 친구들이기도 하다. 이 나이에도 갖은 음식 솜씨로 우리들을 초대해 친구들을 행복하게 해주며 모임의 분위기 메이커인 멋쟁이 정애, 화자는 지금까지 반장을 하고도 불평불만을 한 번도 내색을 안 하는 불심 가득한 조용한 친구이다.

서대문구의 구산동에서, 도곡동의 개나리 아파트에서, 그리고 개포동의 아파트에 이르기까지 늘 이웃해 살아 온 친구, 정옥이. 내가 힘들 때마다 나를 일으켜 주었고 여형제가 없는 나에게 나보다 나이가 어리지만 언니가 되어 살아가는 외로운 도정(道程)에 길벗이 되어주었다. 영자 또한 무엇이든 품어주며 나에게 등을 내밀어 마음껏 기댈 수 있게 해 준 불심 가득한 친구이다.

성심여자대학교 총장이었던 정미는 호정이의 배려로 늘 우리와 함께했던 학구파 수녀님이다. 언제 보아도 쉬이 범접할 수 없는, 하느님만을 보필하는 훌륭한 친구이다. 최근 '캐롤린 오식, RSCJ' 지음의 『성녀 로즈 필리핀 뒤셴』을 번역하여 우리에게 선물해 주기도 했다.

또 다른 부산여고 친구 두리회의 반장 정란이는 경조사나 행사의 연락 등 어떠한 궂은일도 마다하지 않는 성실하고 헌신적인 가톨릭신자이다.

그리고 달포마다 만나지는 않지만 부산여고 14회 친구들의 모임인 동백회의 여러 친구들은 경조사나 동창회 때 반가이 만나기도 한다.

매월 셋째 화요일에 만나는 삼화회(三火會)는 경북여고 졸업 이화약대 친구들의 모임인데 숙자는 지금까지 귀찮을 법한 데도 변함없이 반장 역할을 잘하고 있다. 문과생인 내가 이과생인 약학대 친구들을 지금까지 만나는 것도 친구 은희의 덕택이다.

4년간의 대학생활을 함께한 이문회(梨文會) 친구들, 매월 수요마다 서초원에서 마음의 꽃을 피운다. 오랫동안 반장을 맡아온 경기여고에서 온 영주는 호정이와 옆집에서 살기도 한 인연이며 아직도 소녀 같은 모습이다.

나는 개포동 경남아파트에서 어언 35년의 세월을 함께했다. 많은 만남과 헤어짐의 연속이었지만 하느님을 통해 맺어진 8동 형님, 아우님들 모두 열 사람의 구슬회 모임은 지금도 자매가 되어 계속 이어지고 있다. 모든 분들의 사랑을 받고 있지만 특히 신덕순 젬마 형님의 은혜를 영원히 잊을 수가 없다. 지금은 멀 리가 계시지만 내가 어려움에 봉착할 때마다 손을 내밀어 주시고 품어 주셨다, 큰언니 같이.

친구란 '오래 두고 가깝게 사귀는 사람 또는 벗'이라고 한다. 같은 시대에 태어나 모든 것을 교감하고 서로 아끼며 보듬어 주면서 동질감을 느끼는 것이라고 생각한다.

한 번 인연을 맺은 친구란 그때 그 시절의 순수했던 마음으로 만나야 한다. 이 세상에 태어나서 우정이란 귀중한 선물을 받고 있으니 이 또한 얼마나 행복한 일인가.

우리는 자라나는 우정을 무한대로 키우다가 어른이 되어 성혼을 한 뒤 남편을 보필하고 아이들을 거두면서 서로에게 주어진 길을 열심히 걸어 왔다고 생각한다. 앞만 보며 모두들 은근과 끈기로 이 나이까지 무던히 참아내며 성실하게 살아온 게 아니었을까.

어렵고 힘든 일들이 산 너머 산, 또 산 너머 산이었지만 오늘까지 용케도 잘 버텨온 나의 친구들에게 진심 어린 뜨거운 박수를 보내고 싶다.

기념 축시

졸업 50주년 반백년을 기념하던 날 부산의 롯데호텔에서 부산, 서울의 동기생들과 핑크 무늬의 원피스를 모두 맞춰 입고 남과 북의 합창으로 화합하던 일. 오랫동안 못 만났던 친구들도 만나고 나는 어느새 단발머리의 여고생으로 돌아가 있었다.

부산여고 졸업 55주년 기념행사엔 경주에서 서울과 부산친구들과의 즐거운 만남을 가졌다. 세월의 흔적이 우리의 얼굴과 몸을 아무리 휘감았을망정 마음은 55년 전의 청초하고 순백한 소녀로 돌아가고 싶었다. 그날의 감격을 친구들과 함께 향유하고 싶어 내가 지은 졸업 55주년 기념축시를 친구들 앞에서 발표하기도 했다.

붉은 동백꽃의 해후

"누구보다 그대를 사랑 한다."는

붉은 동백꽃의 꽃말처럼
일흔 몇 번의 봄을 맞은 중턱의 고갯길을
숨차게 오르는 구덕골의 처녀들아

오늘 밤만은 오십오 년 전의
귀밑머리 나풀대며
복사꽃빛 두 뺨의
교복 입은 서대신동 부여고생으로 돌아가면 어떠하리

그 시절
겁 없이 무엇이든 이룰 수 있을 것만 같았던
젊음의 용기는 풍선처럼 부풀었고
선생님과 친구의 우정 밖에 더 큰 그리움을 몰랐던 우리
불확실한 미래는 신기루가 되어 어른 거렸네

그로부터 어언 반백년
한 지아비와 지어미는 떠밀리듯 어른 자리가 되어가고
눈가의 그늘진 잔주름과 하얗게 서리 앉은 머릿결
예까지 잘 견뎌온 고행의 훈장이 아니겠는가

오늘까지 세상과 겨루며 참아내기에 고달팠던
사랑하던 친구들 하나 둘 우리 먼저 떠나가고
칠십 평생 닳고 삭아져 진이 다 빠진 몸일지라도
모진 설한풍의 겨울 붉은 동백꽃처럼
이제 스스로를 더 붉게, 더 뜨겁게 태우며
남은 우리의 인생길을 걸어가지 않으련?

반갑다 친구야
소중한 인연, 나의 친구들아!

숲으로 가는 길

'문학의집·서울'에서 주최하는 '초록 꿈의 씨앗을 심자' 자연사랑 문학제가 서울 숲에서부터 시작되었다.

해마다 열리는 이 아름다운 축제에 웬만하면 참석하고 싶지만 아쉽게도 작년에는 이룰 수가 없었다. 몇 년 전 서울 숲에서 직접 삽을 들고 나무심기 행사에 참석도 했지만 이번의 서울 숲 답습은 그동안 엄청나게 변모한 숲의 모습을 보는 것 같아 큰 감동이었다. 역시 가꾼다는 것, 지극한 정성을 다해 어루만짐이 얼마나 큰 생명을 잇게 하는지 거울연못의 수면 위에 비치는 나무 그림자의 아름다움에 매료되었다.

문학제의 두 번째 도착지는 충남 태안군 근흥면 신진도의 산림수련관. 바라보이는 바다는 잠자듯이 고요하고 6월 초하의 밤바람은 차고 달빛과 별무리의 아우성으로 문학제의 밤은 깊어 갔다. 새벽녘 안개가 잠을 깨웠다.

풀잎은 미리 눈치 챘는지 순명하듯 머리 조아리며 이슬을 받아내고 있었다. 갈매기가 하얀 배를 디밀고 갯바위 틈새로 날아간다. 나지막한 돌섬은 서로 마주 보는 등대를 품어 안고 해당화를 외롭지 않게 한다. 처음 찾는 천리포수목원의 초입에서 숨 쉬는 뿌리 기근(氣根)을 보고 오구(烏口)나무, 후박나무, 소나무를 오른쪽으로 감아 오르며 보채는 등나무의 정열도 보고 칡나무가 왼쪽으로 감아 오르는 갈등도 느꼈다. 호랑가시나무 잎사귀를 보고 잠시 언젠가 보낼 크리스마스카드를 생각했다. 벽안(碧眼)의 설립자 민병갈 님이 '신의 비밀정원'에서 늘 바라보았을 닭섬이 보이는 언덕에서 나는 탄성을 질렀다. 아름다운 풍경과 피톤치드를 맡으며 잠깐 휴식하는 김후란 원로시인(詩人)님의 우아한 자태를 훔쳐보았으니 말이다.

나무는 나무끼리 모여서 숲을 이루고 사람은 사람끼리 모여서 가족을 이루나 보다. 숲에만 다가서면 풍요로움과 그 넉넉함이 아직도 온전히 바로 설 줄 몰라 안개 속을 헤매는 나를 품어준다. 소수보다 다수가 이렇듯 안온과 평정심을 베풀어 줄 수 있겠는가?

오로지 숲이 아니고서야….

시간의 끈

오월, '어버이 날'. 구룡역에서 분당선을 타고 미금역에 내렸다.

미금역 7번 출구를 빠져나와 7번 마을버스를 탔다. 눈에 익은 도로와 가로수가 휙휙 지나가고 5월의 훈풍이 열어둔 차창을 통해 내 이마에 늘어뜨린 머릿결을 쓰다듬고 있었다.

마을버스는 가파른 언덕을 오르더니 육중한 건물 정문 앞에 나를 내려놓았다.

병원 로비를 지나 엘리베이터를 기다렸다. 오늘이 마침 '어버이날'이라 입원해 있는 부모님을 뵈러 온 자녀들과 가족들로 로비는 많이 붐비고 있었다. 올 때마다 느끼지만 병원은 늘 정갈하게 환자들을 보살피고 있는 듯했다. 늘 찾아뵙는 5층 1인실 문을 열었다.

그곳에 5년의 긴 시간을 보내셨던 분이 오늘따라 그 모습이 안 보여 여쭸더니 6인실로 옮기셨다는 것이다. 5년이 지나도록 1인실에서 가족과 간병 도우미의 보호 속에 계시던 환자도, 가족도, 남모르는 고통과 슬픔이 얼마나 크셨을까? 6인실 병실을 찾아간 순간, 혼란의 늪에 빠진 듯했다. 6인실 병실의 문은 아예 활짝 열려 있고 웅성 웅성대는 소리와 간병도우미도 세 분이나 있었다. 왼쪽 중간 병상에 하얀 짧은 머리의 반가운 얼굴이 보였다.

그분이 바로 나의 막내 이모님이시다.

5남매 형제자매 중 유일하게 생존해 계시는 막내 이모님. 언제나 얌전하시며 참 조신하신 여자중의 여자이셨다. 이모부이신 남편에게도 돌아가시는 날까지 부덕을 잘 지키신 현모양처이셨다. 6월이면 밤새 떨어져 내린 감꽃이 새하얀 눈처럼 마당 가득하던 부산 부평동, 우리 집 대문을 들어서시던 고운 한복 차림의 이모님.

어린 내 눈에, 내 가슴에 박혀 있는 아름다운 모습과 애잔한 추억들은 영원히 잊히지 않을 것이다.

내가 초등학교 4학년 때 부산 국제시장에 큰 불이 나서 신창동 우리 집까지 화마에 빼앗기고 말았다. 졸지에 집을 잃은 우리 가정은 황당한 현실에 속수무책이었으리라 생각된다. 그땐 나도 너무 어려서 부모님의 암담한 심경을 잘 헤아릴 수가 없었다. 그 시절, 어머니와 남동생과 나는 부용동의 이모님 댁에서 몇 개월 생활한 적이 있었다. 아버지와 오빠는 다른 곳에 계셨다. 아마도 온 가족이 함께 신세지는 것은 현실적으로 불가능 했으리라 생각된다. 이모님께서는 큰언니 댁의 불행을 선뜻 함께 껴안아 주신 것이다. 살아오며 "너의 이모 댁에 큰 신세를 졌었다."고 어머니께서는 말씀하셨다. 그 당시 이모님은 얼마나 힘이 드셨을까? 고지식하고 마음씨 좋으셨던 우리 이모부님. 농담 한마디 하실 줄 모르고 우스갯소리에는 허허허 큰소리로 화답해 주시던 분, 나의 어머니가 가장 좋아하셨던 제부였다.

그즈음 이모부님 침대 머리맡에 놓아둔 꿀을 사촌과 같이 몰래 먹어버려 혼났던 기억이 생각나기도 한다. 한국문학전집이 많아 이것저것 읽었던 그 시절이 나에게 알게 모르게 큰 자양분이 되었는지도 모른다. 가끔 양산 신평에서 내려오신 외할머니를 즐겁게 해드리려고 사촌 옥이와 함께 치던 민화투놀이가 나의 평생을 통한 화투와의 만남이었다. 그 시절의 그리움이 가끔씩 생각이 나지만 화투놀이의 매력은 이 나이까지 까맣게 모르고 살고 있다. 이모님 댁에 살면서 이모부님께 정성을 다 하시던 이모님을 많이 뵈었다. 늘 보양식을 만드시고 가지로 만드는 약지를 밥상에서 떨어지지 않게 하셨고 남편을 떠받드는 모습이 지금도 어제처럼 생생히 떠오른다. 삼남매 자녀분들 모두 잘 성장하여 훌륭한 가정을 이루고 사는데 연로하신 이모부님께서 돌아가시자 지아비를 불시에 잃어버린 지어미는 점차 삶의 의욕을 잃으시는지 스스로 가늠할 수 있는 건강을 지켜나가기엔 많은 애로가 함께했다.

아들과 딸들, 사위와 며느리, 가족 모두의 끊임없는 사랑과 정성으로 오늘까지 이어 오지 않았나 싶다. 이모님께서 평소에 국수를 좋아하시어 큰따님 옥이가 늘 국수를 만들어 병원으로 가져가 드시게 하던 정성이 눈물겨웠다.

이모님께서는 내가 찾아 뵐 때마다 나의 어머니 말씀을 많이 하셨다.

"나는 우리 새이(언니)를 못 잊는다. 나는 우리 새이 가르치는 대로 살아 왔다. 우리 새이 너무 너무 보고 싶다." 한동안 어머니에 대한 기억을 많이 들려주셨고 노래도 가끔 부르시며 내가 들려드리는 우스갯소리를 들으시곤 박장대소도 많이 하셨다.

그런데 5년이란 세월은 그 고우시던 모습에서 웃음을 앗아 가고 나날이 기억의 세포들을 거두어 가시는지, 한 해 한 해 자꾸만 쇠잔해 가시는 이모님을 뵙고 돌아가는 발걸음은 천근만근 바윗덩이를 매단 것 같았다.

창공에 연줄을 풀면 풀수록 연이 바람을 타고 하늘 높이 날아가듯이 시간의 끈도 풀면 풀수록 하늘 높이 드높이 인연의 고리가 이어질 수 있을까?

이 세상에 유일하게 살아계시는 이모님, 어머님 가신 지 30여 년이 지나 어머니 본 듯이 뵙고 살아가고 싶었는데 이 모두가 영원하지 않음을 이 나이에 와서야 깨닫게 되다니.

어디 가서 시간의 끈을 마음껏 풀어볼 수 있을까?

유년의 그리움, 천리향

천리향, 꽃나무에 대한 기억은 타임머신이 나를 어린 시절 살았던 부평동 집 화단에 살포시 내려주곤 한다. 남쪽과 서쪽으로 두 개의 대문이 나 있고 그리 크지는 않지만 어머니의 손길로 잘 가꾸어진 화단이 길게 뜰을 차지하고 있었다.

건넌방 창 아래엔 작은 연못도 있어 갖가지 물고기들이 노닐고 어린 시절의 내겐 더 없이 커다란 추억의 보따리들을 안겨주기도 했다.

어머니께선 시간만 나면 나무와 화초에 받침대를 받쳐주고 전지도 해주며 잡풀을 뽑아주셨다. 그리 넓지도 않은 뜨락에 감나무, 석류나무, 단풍나무, 사철나무, 천리향까지 있어 천리향의 향내가 온 동네를 진동하였다. 화초 기르기와 나무 심는 것을 유독 좋아하시어 화단엔 사철 계절이 늘 살아 숨 쉬는 곳이었다.

어머니는 바삐 움직이는 것으로 시작하여 움직이는 것으로 하루를 마감하시는 부지런한 분이었다. 언제나 "죽으면 썩어질 몸, 아끼지 말라."고 늘 이르셨다.

하느님의 말씀을 늘 심고 새기지만 나를 낳아주신 어머님의 가르침도 내 몸 속의 수분만큼 소중하였다.

우리 집의 수호신, 키 큰 돌감나무는 6월이면 노란 감꽃을 마당에 눈부시게 떨구어 놓았다. 나는 그 꽃들을 주워 모아 실에 꿰어 목걸이를 만들어 멀리 있는 친구에게 꽃목걸이를 부치기도 했다. 그 친구가 받아볼 때쯤이면 누렇게 변색된 감꽃의 향내를 맡을 텐데 말이다.

여름 날, 목쉬게 울어대는 매미소리로 떫은 풋감이 익어갔다. 그러나 크고 풍성한 대봉감이 열리는 것은 보질 못 했다. 돌감나무라 그런지 가을부터 초겨울까지 대롱대롱 매달려 까치들의 먹잇감으로 차가운 하늘을 유영하고 있었다.

함박꽃과 모란이 앞 다투어 피면 찔레와 장미꽃 넝쿨이 앞집 담벼락 너머로 자주 마실을 가고 석류나무 그늘도 점차 짙어가고 있었다.

나의 처녀 시절, 우리 집 꽃구경 왔노라고 불쑥불쑥 찾아오셔서 혼기를 앞둔 나를 훔쳐보시던 어머니 친구분들. 옛 일이지만 꽃으로 연유한 아름다웠던 추억이다.

그 수많은 꽃들 중에 유독 애정을 가지고 가꾸시던 천리향의 향내와 색색의 꽃들이 어제 본 듯이 지금도 환히 눈에 어린다.

천리향은 천리 밖에서도 꽃향기가 난다고 해서 천리향이라며 서향나무라고도 한다. 팥꽃 나무과의 상록활엽관목인 무늬 서향으로 불리며 상서로운 향기라는 뜻으로 원산지는 중국이다. 향기가 은

은하고 진해서 향수를 만들 때도 사용된다고 한다.

'꿈속의 사랑', '갑자기 생겨난 행운과 명예'인 꽃말마저 참으로 환상적이지 않는가.

봄이 기지개를 켜며 눈을 게슴츠레 뜨는 2월부터 피기 시작하여 4월에서 5월이면 만개가 된다. 천리향이 활짝 필 때면 하얀색, 연분홍색, 보라색깔의 예쁜 꽃잎이 진초록의 잎사귀를 시녀인 양 거느린 자태가 참으로 아름답다. 저 멀리 대문 밖에서부터 내 몸을 휘감는 향기라니….

어머니께선 천리향의 꽃향기를 참으로 좋아하셨고 누구에게나 자랑을 아끼시지 않으셨다. 마음껏 그 향기에 취해 행복해 하는 사람들의 모습을 보시는 것을 즐기신 듯했다.

봄이면 천리향이 천리 밖까지 그 향내를 보내오는데 어머니는 천상에서도 봄이면 꽃씨를 뿌리며 아름다운 화단을 가꾸시고 계실까?

오늘도 산을 오르며

어제는 양평을 지나 9월의 제법 싸늘해진 새벽 공기를 가르며 유명산을 찾았다.

신 새벽의 싸-한 한기는 어느새 옷깃을 여미게 하지만 아직 아무도 밟지 않은 산길을 오르는 그 묘미는 이루 다 형언할 수가 없다. 언젠가 오색에서 대청봉을 향해 설악산을 오를 때도 새벽 네 시 경이었다. 랜턴으로 발 앞을 비추며 캄캄한 산길과 계곡을 오르면 이름 모를 뭇 새들이 앞장서서 길을 찾아 주었고 청아한 계곡 물소리조차 우리 일행들을 반겨주는 듯했다.

오랜 태곳적부터 있어온 듯한 바위병풍의 위풍당당한 모습에 압도당하기도 했고 송림 사이로 피어오르는 새벽안개가 마악 눈 비비며 일어서는 햇살에 쫓겨 달아나는 모습도 아름다웠다. 울창한 숲과 숲 사이로 어느새 다가와 어루만져 주는 뽀얀 안개로 천상에 있는 듯한 느낌이었다.

인간이 세상에서 아옹다옹 살아가는 동안에도 산은, 숲은 그 나름대로 질서를 잘 지켜가고 있었나 보다. 나무는 나무대로 풀잎은 풀잎대로 이름 모를 하찮은 미물인 벌레와 아름답게 우짖는 새들까지도 우리가 모르고 있는 사이에 그들 나름대로의 질서 속에서 자라고 있었는지도 모른다.

아침 햇살 속에 대청봉에 올라 잘 뻗어져 나간 능선과 동해 바다를 내려다보니 이 세상에 부러울 것이 없는 듯했다.

높은 산 위에서 아래를 내려다보니 사람의 몸이 그렇게 왜소해 보일 수가 없었다. 대자연 속에서의 사람은 한 점에 불과 한데 왜 우리 인간들은 부질없는 욕망으로 허기를 채우려 할까. 무엇을 쫓으려고 그리도 바삐 서두르며 시기, 질투, 그리고 남을 딛고 일어서려는 오만함은 하늘을 찌르니 헛되고 헛된 부질없는 꿈길에서 어서 깨어나고 싶어서라도 나는 오늘도 산을 오르는지도 모른다.

인고의 삶을 살다 가신 어머니의 일생이 내게 평생의 지침이 되었듯이 산도 알게 모르게 많은 교훈을 심어 주었다.

아무리 높고 멀리 있는 산일지라도 한발 한발 디뎌서 간다면 고지가 바로 눈앞에 다가선다. 서두른다고 산이 내 발 앞에 성큼 내려와 주지도 않으며 은근과 끈기를 포기하지 않고 잘 다스려야만 산 가까이에 갈 수 있음을 깨달았다.

기회만 닿으면 산을 찾게 된 것이 어느덧 이십년이 훨씬 지났다. 지금은 남편의 고교동창 친구 부부들과 주말이면 근교 산을 찾아간다. 형제, 친척보다 더 자주 만나는 모임이다.

북한산의 대남문도 수없이 드나들었고 정릉의 대동문도 참 많이 오르내렸다. 그 오랜 세월을 오르내리다가 청계산의 사계절을 또 사랑하게 되었다. 봄, 여름, 가을, 겨울에 찾아가는 청계산은 나이에 걸맞게 안성맞춤이었다.

산은 늘 그 너른 품으로 우리를 반겨주었다. 산을 찾는 동안 세월은 흘러가고 역시 나이는 어쩔 수 없어 이제는 과천어린이대공원 호랑이상 앞에서 만나 대공원을 한 바퀴 돌기로 했다. 공원 위 호숫가에서 모두 싸온 음식으로 점심을 하고 나눠 마시는 커피 향에 취해, 푸른 하늘과 맑은 공기에 취해, 정다운 친구들과의 환담에 취해 본다. 사계절의 산타기는 그 어느 약보다 귀한 보약이었다.

돈으로 살 수 없는 고교 동창 친구들과 만남의 즐거움, 오랜 세월동안 익혀온 소중한 만남도 한 사람, 두 사람, 건강을 잃어감에 자연스레 매듭이 풀리듯이 한없이 풀려갔다.

아름다운 그 시절은 이제 영영 되돌릴 수 없는 것일까?

그동안 우리나라 곳곳의 아름다운 산을 올라가 보았다. 한라산의 백록담, 지리산의 천왕봉, 설악산의 대청봉과 태백산의 장군봉. 그리고 계룡산, 청량산, 속리산, 주흘산, 치악산과 금강산의 만물상 그리고 해금강까지도….

그러나 서울의 명산인 북한산의 묘미 또한 엄청난 것이다. 북한산을 십년 넘게 오르내리면서 계절 따라 변하는 얼굴을 보았다. 봄이면 '진달래 능선'을 따라 울고 싶으리만치 붉게 타오르던 진달래꽃. 여름이면 무성하게 우거지던 숲과 숲 사이. 최근엔 매우 보기 힘든 할미꽃 한 송이가 문수사 오르는 길목에 외롭게 피어 있었다. 그 많은 등산객이 오르내렸는데도 아무도 그 꽃을 꺾지 않았다. 그 꽃 가장자리를 조그만 돌조각으로 돌려 쌓아 할머니꽃의 존재를 알리는 듯했다. 누군가가 먼저 아름다운 마음을 심어 놓은 것이다. 그 곱고 아름다움이 오랫동안 지속되어 갔다. 역시 산을 사랑하는 사람은 인자(仁者)라서 그럴까. 최근엔 청계산을 오르내리니까 북한산의 할미꽃을 볼 수가 없다. 올해도 그 할미꽃은 여전히 피어나 보호 받고 있을는지?

누구든 산에 오르면 정상에 올랐다고 교만해서도 안 되며 하산길엔 더더욱 조심할 일이다. 정상에 오른 자만심이 자칫하면 방심에 이르게 되어 언제나 복병은 도사려 있기 마련이다. 첫째도 겸손이요, 둘째도 겸손해야 한다는 것을 산을 오를 때마다 산이 내게 가르쳐 주었다. 그래야 산도 나를 어여삐 여겨 언제나 나를 품어 주지 않을까. 그리고 나의 지친 몸과 마음을 그 넓은 손바닥으로 토닥여 주지 않을까.

그래서 나는 오늘도 산을 오른다. 그리고 내일도 이 허기진 몸과 마음으로 오르고 싶으리라. 피톤치드 가득한 아름다운 우리 강산, 이 산 저 산의 가슴을 더듬으며.

영원한 어머니, 나의 문학

시(詩)의 바다에 발을 담근 지가 어언 반백년이 훌쩍 지나갔다.

어린 시절, 『소년세계』 『새 벗』 『학원』이란 잡지가 유일한 읽을거리였다. 무엇이든 닥치는 대로 책을 읽었다. 그땐 무엇을 쓰는 것보다 무작정 독서의 삼매경에 빠져들곤 했다. 중학교 2학년 때 부산의 부평동과 대청동 사이에 있던 평화서림 책방에 시간만 나면 찾아가기도 했으며 헌 책방에서 많은 문학전집을 대여하여 읽었다. 소설의 광활하고 무궁한 세계 속에 빠져 헤어날 줄을 몰랐다. 『현대문학』과 『문학예술』지도 사서 읽으며 겁 없이 『사상계』도 훔쳐보곤 했다. 어느새 시라는 글을 쓰고 있는 자신을 발견했다. 그 무렵 「해풍(海風)」이란 시가 교지에 발표되면서 문학에 조금 눈을 뜨기 시작한 게 아니었을까?

학원문단십년선집(學園文壇十年選集) 『바람, 기(旗)를 올리다』에 「무제(無題)」라는 시(詩)가 박목월 시인님의 서평으로 입선되기도 했다.

중학교 3학년 때 진주 영남예술제(현 개천예술제)에서 '백지'란 시제로 수상한 후 시는 나의 분신처럼 늘 따라다녀 어느새 시의 늪에 빠져 들어가고 있었는지도 모른다.

어느 누구의 가르침도 없이 시라는 마력에 침잠하고 있었다. 어린 소녀들이 느끼는 재미(樂)보다 시라는 산과 바다가 나에겐 더할 수 없는 청량제요 안식처였다.

김소월의 시와 청록파 시인의 시를 눈을 감고 외우기도 했으며 릴케와 장 곡토, 사라 티스데일의 시를 외우면 더없이 행복해 지는 듯했다. 우리 집 감나무에 감꽃이 필 무렵, 내 가슴 속 열정을 펜팔에게 써서 보내기도 했다. 몸과 마음이 하나 같이 응집이 되지 않고 나의 출구는 아득히 먼 곳이어서 쉬이 찾을 수가 없었다. 꽃이 피면 피는 대로 비가 내리면 빗소리를 담아 나의 글 친구에게 무작정 보내기도 했던 시절이었다.

글을 쓴다는 건 영원히 홀로 하는 것이다. 이 세상에 나만 살아있다는 느낌 속에서 그 누구의 간섭도 제재도 받지 않고 나의 문학의 눈 트임이 시작되는 유일한 통로였었다. 나를 토닥여 주는 유일한 오빠, 언니, 친척, 친구가 그 시절의 내겐 너무나 절실했다. 이 세상에 태어나 가장 아름다운 기다림이 무엇인가를 일깨워 주었으며 나를 늪에서 헤어 나오게 하여 행복한 소녀로 자라게 해 주었다. 인연의 소중함을 너무 많이 익혀 와서인지 만났다 헤어지는 서러움을 노련하게 숨길 수 없어 그 쓸쓸함 때문에 오랫동안 가슴앓이로 많은 세월을 보내야만 했던 아픔이 참으로 컸다.

'로맹 롤랑'이 말했던가, "우리 인생의 길은 장미꽃을 뿌려 놓은 탄탄대로는 아닙니다."라고.

남일초등학교 5, 6학년 담임 이광우 선생님과 부산여중·고등학교 문예반 김무조 선생님의 아버지 같은 사랑도 나의 문학의 길에 큰 단비가 되지 않았을까? 고등학교 3학년 봄 소풍날, 돌아오는 길에 이영도 시조시인님을 친구들과 불쑥 찾아가는 무례함도 저질렀던 그 시절, 아담한 국민주택의 채전 밭을 가꾸시며 단아한 모습으로 우리를 맞아주시던 『춘근집』의 저자이셨다.

여고시절 K고등학교 학생들과 『달맞이』 동인으로 문집도 만들어 내고, 다니던 영락교회에서 철필로 등사지를 긁어 주보를 만들기도 하였으며 성가대 활동도 한 추억이 있다.

처음으로 부모 슬하를 떠나와 캠퍼스의 '청마루 잔디' 언덕에서 신촌역을 지나가는 교외선의 기적소리를 들으며 뼛속까지 스미는 외로움과 그리움을 삭히곤 했던 대학 시절이 지금도 가끔 떠오르기도 한다. 학기말 시험이 끝나면 그날 밤기차로 바다가 있는 고향으로 내려가곤 했다. 재학 시절 등단이라곤 한 번도 생각해보지 않았다. 꿈조차 꿔보지도 않았다.

문학의 먼 산등성이를 바라다만 볼 뿐, 시 산맥을 쉬이 탈 수가 없었다. 아예 탈 생각조차 가지질 못 했다. 지아비와 두 아이 엄마로서의 역할로 바뀌어가고 있음을 뒤늦게 알았다.

시댁과 친정의 울타리 속에서 시간과 공간을 오르내리다가 큰아이 대입시를 치른 후 시문학(詩文學)사의 신인상으로 등단의 고개를 넘어섰다. 1989년 7월 『시문학』에 나의 신인상 소식이 실렸었다.

신인상 응모를 권유해 주신 상남(尙南) 성춘복(成春福) 선생님께 깊은 감사를 드린다. 여기 선생님의 고희문집 『공책』에 실린 나의 졸시 「풀잎의 이슬까지도」를 함께 옮겨 본다.

선생님
오늘은
그 크신 고함소리로
야단치실 줄 뻔히 알면서도
몇 말씀 모기소리로 읊조리겠습니다

술 한 모금 넘길 줄 모르는 입에
술잔이 기울고
담배 한 모금 빨아들이질 못하는 입에
연기가 머물 때
그때도 선생님은 그러하셨을까요

친구의 형부라서
처제의 친구로서가 아닙니다
무궁무진한 재치는 섬광이 되어
늘 머리 속을 채우고
손끝에선
붓 가는 대로 재능이
야광처럼 빛나셨습니다

누구라도 지나칠

풀잎의 아주 적은 이슬까지도
탁 탁 털어내며
손바닥에 받으실 선생님
육친을 향한 지극한 사랑과
뽑아도 뽑아올려도 그치지 않는
누에실 같은 그리움까지
당당한 발걸음 저 너머
가랑비에 허기져 가늘게 떨어 우는
선생님의 뒷모습을 보았습니다

쓰지 않고는 배길 수 없어
밤마다 꿈처럼 시(詩)를 엮고 싶던 시절
혼란의 늪 속에서
한 가닥 빛처럼
등단의 오르막을 밝혀주셨고
등단 뒤 내리막의 쓸쓸함과
글밭의 흔들리는 우정 일러주셨습니다
세상은 높은 산 오르기보다 더욱 숨차고
세상에 내리는 비라도
똑같은 비가 아니었습니다

멀고도 험난한 고갯길
선생님 용케도 예까지 잘 오르셨습니다
이제 내일부터는
선생님의 땅에도 단비가 내리고
눈 시리지 않은 태양이 떠오를 것입니다
외롭지만은 않을
정녕 외롭지만은 않을
선생님의 햇살이….

여자로서, 두 아이의 엄마로서 주어진 길을 타박타박 걸어가다 사막의 구릉도 넘고 황토 길을 만나고 자갈길, 개펄, 홍수로 범람하는 강물도 건너고 사태로 꽉 막힌 불통의 길 위에서 나는 무엇을, 어떻게 해야 하나?

기나긴 암울한 터널을 벗어나게 해준 한 줌 햇살이 역시 문학이란 걸 뒤늦게서야 깨달았다.

글을 쓰지 않고는 배길 수 없는 활화산 같은 내심의 욕구에 스스로 백기를 들고 나는 문학의, 시(詩)의 포로가 되어 갔다. 시(詩)의 길도 그리 만만치가 않았다. 참 험난한 길이 도사리고 펼쳐지고 있었다.

오래전부터 다산(茶山) 정약용(丁若鏞)의『다산시 연구(茶山詩研究)』책을 읽으며 다산의 의식세계를 좋아하며 존경해왔다. 인성을 중요시 했으며 효도와 우애와 사랑을 몸소 실천하셨고 근검절약을 생활화하며 75세에 돌아가시는 날까지 학문에 매진하셨다고 한다.

> 문(文)은 도(道)를 싣는 것이고 시(詩)는 뜻(志)을 말로 나타낸 것이다. 그러므로 그 도가 세상을 바로잡고 구제하기에 부족하고 그 뜻이 텅 비어 세운 바가 없으면 비록 그 문(文)이 야단스럽고 시(詩)가 아름답더라도 이는 빈 수레를 몰면서 소리를 내는 격이고 광대가 풍월(風月)을 말하는 것과 같으니 이를 어찌 전(傳)할 수 있겠는가?

> 임금을 사랑하고 나라를 근심하지 않는 것은 시(詩)가 아니

다. 시대를 아파하고 세속을 통분해하지 않는 것은 시가 아니다. 옳은 것을 찬미하고 잘못을 풍자하며 선(善)을 권장하고 악(惡)을 징계하려는 뜻이 없으면 시가 아니다. 그러므로 뜻이 확립되지 못하고 배움이 순정치 못하고 대도(大道)를 듣지 못하고 임금을 바르게 인도하지 못하며 백성들에게 혜택을 베풀려는 마음이 없는 자는 시를 지을 수 없다.

조선후기의 실학자 다산이 그 옛날에 일러준 말이 왜 내 가슴에 꽂혔는지 지금까지 나는 가끔 이 말을 떠올린다. 역시 사람은 사람다워야 함을 여실히 일러준 교훈이라 생각한다.

지금까지 걸어온 발자국마다 나에게도 수많은 인연들이 맺혀져 있다.

사는 날까지 내가 용서 받아야 할 붉은 발자국들. 사는 날까지 내가 용서해야 할 푸른 발자국들. 그러나 문단에 나와 나는 값진 보물과 보석들을 많이 가슴에 안았다.

함께 글을 읾고 토해 내며 서로 아픔을 어루만져 주고 따스한 체온으로 꼭 안아주는 진솔한 가슴을 지금도 벅차게 안고 있기에 이 살벌한 세상이 결코 어둡지만 않다.

쓸쓸하지만 않다. 외롭지만 않다.

번개가 이 땅을 깨우고 잦은 천둥소리에 가슴이 뛰어도 묵묵히 나의 길을 걷고 싶다.

그것이 숨죽인 적막한 길일지언정 나는 오로지 나의 길을 가고 싶을 뿐이다.

어언지예, 어데~예, 아이라예

어린 시절, 바다가 보이는 고향에서 곧잘 쓰며 듣던 사투리가 허다했다. 그 많은 사투리 중에서도 유독 '어언지예, 어데~예, 아이라예.'라는 말은 지금도 무의식중에 가끔씩 튀어나오기도 한다. 낱말은 세 마디지만 뜻은 한가지이다. 모두가 '아니다'라는 뜻이다.

'아니다. 아니에요. 아닙니다.'라는 것을 우리 고향 사투리는 이렇게들 표현한다. 정확한 건 잘 모르겠지만 '어언지예'는 대화중에 처음 부정을 나타내는 말인 듯하고 '어데~예'는 처음보다 더 강한 말인 듯하다. '아이라예'는 마지막 단계의 종결의미를 나타내는 말인 듯도 하다.

간혹 다른 지방 사람들은 이 말들이 참으로 애교스럽다고들 한다.

아리따운 처녀가 고운 억양으로 살며시 입술 밖으로 이런 말들을 종알댄다면 얼마나 듣기가 좋을까. 시골의 건장한 남정네가 우악스럽게 이 말을 내뱉는대도 그 어투가 그리 싫지가 않을 것 같다. 아주 오래전 오영수 원작의 '갯마을'이라는 영화 속에서 바다에 남편을 잃은 젊은 형수의 원초적 몸부림을 눈 감아 주던 투박

하면서도 인간미 넘치던 어촌의 시동생 모습이 생각나기도 한다. 소박하면서도 덧칠하지 않고 토속적으로 잘 쓰던 내 어린 시절의 고향 말씨들이 지금은 제2의 고향이 된 서울 하늘 아래에서 문득 문득 가슴 저리게 그리워질 때가 있다. 수십 년을 살아온 서울살이가 이젠 고향 같이 자리매김 하고는 있지만 때때로 각박한 현실에 깊이 안주해지지 않을 땐 문득 희로애락이 희석된 고향이라는 품이 그리워지기도 한다.

매끄럽게 잘 포장되거나 진심이 마냥 겉돈다고 느껴질 때 엄청난 비애를 가슴 가득히 안아야만 할 때가 더러 더러 찾아오기도 한다. 나이와 그런 단계는 늘 비례한다고 본다. 아무리 두터운 나이가 찾아와도 아니라고 내심 느껴질 땐 끝까지 '어언지예, 어데~예, 아이라예'라고 입 밖에 내고 말리라.

세상 참담기 2

- 사부인께

아직도 주무십니까

진눈깨비 정월의 찬바람이 너무 시려
아예 눈 감고 깨어나고 싶지 않으십니까
이제 서서히 겨울도 꼬리를 내리고
병실 문 밖은 목련나무에 몽우리가 맺혔습니다
봄은 두터운 옷자락을 끌어내리고
앙상한 나무 가지마다
보송보송 살아 오르는 숨결이 들립니다
한 해가 다 지나도록
비닐 호스 한 줄에 생명을 붙잡고
미동 하나 없이 눈빛조차 못 맞추는
아직도 쓰러지신 겨울인 줄 아시는 지요
세상엔 꽃망울이 눈을 트며
하늘엔 구름 꽃도 피었습니다
봄날은 이토록 흐드러지게
눈물처럼 흐르고 있는데
어쩌다가 봄꽃마저 보시지 못하고

어쩌다가 그리운 이 부르시지도 못하고
애끓는 눈시울만 깜박이고 계시온지요
어서 하루 빨리 일어나시어
가슴을 쓸어내리며 옛이야기 나누고 싶습니다

얼마나 멀리 계시기에
우리의 간절한 마음 닿을 수 없는 겁니까.

위의 시(詩)는 인천 사돈댁 사부인의 쾌유를 빌면서 올린 나의 간절한 기원이었다.

사부인은 시어머니 장례식을 치르신 후 갑자기 쓰러져 깊은 잠에서 쉬이 깨어나지 않으셨다. 사위의 해외 주재원 근무로 딸네 가족도 우즈베키스탄에 모두 가 있었다.

며칠 전 사돈댁 진천 상가에 우리 내외가 가서 사부인을 뵙고 왔었는데 어쩌면 이럴 수가 있을까. 어떻게 하면 회복하실까 생각하다가 딸과 손녀들이 귀국하자 손녀들이 할머니 앞에서 잘 불렀던 동요들을 녹음하여 할머니 침상 머리맡에서 들려 드리기도 했다. 사부인께서는 잘 들리셨는지 눈물을 주르르 흘리셨다. 손녀들이 애절하게 부르는 노래 소리를 정녕 알아들으시고 눈물을 흘리셨을까. 참으로 안타깝고 답답하기 그지없었다.

육남매 중의 맏딸로서 집안의 모든 경조사며 형제간의 우애를 돈독히 하시던 사부인은 독실한 불자이시며 불교방송에도 여러 번 나오시기도 했다.

무엇보다 내 딸자식을 귀하게 여겨주시고 진심으로 아끼며 사랑해 주심에 더 이상 바랄 게 없었다. 언제나 딸 가진 사돈을 배려해 주셨고 사위 가족들이 해외에 나가 있을 때도 나더러 먼저 다녀오라고 하셨다. 나는 "사부인께서 먼저 다녀오십시오. 다녀오시면 제가 기회 봐서 가겠습니다."라고 극구 사양했다.

사부인께서 우즈베키스탄의 페르가나에 다녀오신 뒤 잠실 롯데에서 만나 함께 점심을 하면서 자식들을 보고 온 소회를 장시간 들려주셨다. 나는 사부인을 만나면 사돈댁 같지가 않고 허물없는 친구를 만나는 느낌을 항상 가졌다. 아이들이 서울에 왔다가 다시 돌아간 날, 전송 나오신 사부인과 헤어져 서로 차에 타고 가며 인천으로 가는 길에서 갈라지는 그 순간까지 차창 문을 내리고 손을 흔들어 주셨다. 공항에서 만날 땐 언제나 그러한 풍경이 계속되었다.

그런 사부인께서 병환이 나신지 그 이듬해에 59세의 젊은 나이로 세상을 떠나셨다.

나의 첫 사돈댁 사부인은 훌륭한 인품과 덕망을 지니셨기에 세상 떠나심이 엄청난 슬픔을 안겨 주었다. 가족 여러분의 슬픔도 이루 헤아릴 수 없지만 우리 사위와 딸의 상실감은 너무 커서 곁에서 보기가 참으로 애처로웠다. 딸아이의 건강이 극도로 나빠져 음식을 제대로 먹지도 못했다. 어머니를 잃은 사위의 한숨 소리에 내 가슴이 녹아내리는 듯했다. 남편이 보다 못해 용기를 북돋우어 주려는지 미국에 있는 아들집에 우리 모녀와 두 손녀의 여행을 주선해 주었다. 사위는 회사에 매인 몸이라 함께할 수가 없었다.

삼대(三代)가 함께 여행 하는 중, 딸아이는 돌아가신 시어머니를

그리워하며 노상 눈물을 지었다. 나도 사부인이 그립고 아까워서 딸과 함께 매번 울었다.

왜 이렇게 마음이 아프고 이다지도 슬플까.

세상의 많고 많은 사람 중에 사돈이란 귀한 인연 맺었음을 항상 소중하게 생각하면서….

"사부인의 아름다운 겸양의 미덕과 후덕한 사랑을 깊이 새기며 잘 간직하겠습니다. 사부인! 부디 모든 시름 다 잊으시고 극락왕생 하시옵소서."

살아오는 갈피, 그 추억

첫 울음 울던
아름다운 옛 마을

터덜터덜 힘겹게
고개 넘어오는 앞머리 튀어난 시골 버스
먼지 낀 정류소의 뽀얀 유리창 너머로
쪽진 머리 아지매가 내리고
오촌 당숙의 누우렇게 바랜
보릿짚 모자가 구겨져 내린다

방터 어느 논자락에서 피를 뽑다 돌아오는
구릿빛 무릎 관절, 거머리 문 검붉은 생채기들
허리춤의 땀에 절은 광목수건
퉁퉁 불은 젖가슴을 가린 베적삼의 앞섶도
너풀거리며 앞장 선다

풋감이 돌각담 너머에서 수줍게 몸 숨기느라
당산나무 그늘보다
짙게 울어쌓는 매미울음도

귀에 담지 못한다

은빛머리 외할머니
평상에서 깜박 수잠이 들고
고사리 손으로 밀치는 사립문
살금살금 우물가 두레박 떨구는 소리

적막한 뜨락에
상기된 볼, 봉숭아 꽃잎이 우수수 떨어진다.

– 졸시 「통도사 가는 길섶(– 신평에서)」

시 속에 자주 등장하는 신평은 경남 양산의 통도사 입구에 자리하고 있는 마을이다.

원래 아버지의 고향은 양산군 상북면 상삼리 경주 김씨 참봉 댁이었고 외가가 있는 순지리 신평에서 나는 태어났다. 외할아버지는 신주사 어른으로 통하는 한의사셨고 작은할아버지도 같은 한의원을 하고 계셨다.

다섯 살 때 항도 부산으로 이주는 했지만 늘 외가댁을 오르내린 기억으로, 지금도 고향이란 단어를 떠올리면 이곳 신평과 나의 성장을 지켜준 부산을 에워싼 바다가 한 폭의 아름다운 수채화로 펼쳐진다. 나는 이렇게 항상 두 고향을 간직하고 있는 셈이다.

내가 태어난 시골 마을의 아름다움과 바다와 함께 늘 숨 쉬며 갯내음으로 자라났던 부산에서의 두 기억이다. 지금은 부산에서부터 고속도로가 시원히 뚫려 있지만 내가 어릴 때는 시골버스로 양산행의 국도를 오르내렸다.

길은 온통 굵은 자갈로 덮이어 차바퀴가 구르는 가장자리는 언제나 패여 있고 가운데는 자갈무덤이 수북이 쌓여 있었다. 어느 길을 가든 자동차가 가는 길에는 그런 자갈무덤이 중앙으로 치솟아 있었다. 엔진이 있는 앞머리가 툭 튀어난 낡은 버스일지라도 터덜거리며 논두렁 밭두렁을 옆에 끼고 달려가는 그 쾌감은 내 어린 마음을 자주 외가댁으로 찾아가게 했는지도 모른다.

양산 읍내를 벗어나면 작은아버지가 살던 석계를 지나 멀리 짙푸르다 못해 시커멓게 보이는 영축산. 그제야 안도의 숨을 내쉬던 그때의 내 모습이 지금도 선연하다. 당시에는 영축산이 어린 나의 눈에 너무도 높게 비쳤다. 감히 근접할 수조차 없게 묵묵히 버텨서 있는 산세. 나는 어릴 적부터 산에 대한 무한한 외경심과 그리움을 키워온 것 같다.

차창 밖으로 스쳐 지나는 산과 들, 전봇대와 그 전깃줄에 무수히 앉아 있는 참새 떼들, 버스의 흔들림에 따라 참새 떼의 행렬도 오르락내리락 춤추는 듯한 환각이 나를 홀리는 듯했다. 나지막한 산들, 산허리마다 무슨 무덤들이 그렇게 많았던지 무덤자리만 보여도 무서움증에 얼굴을 돌릴 때가 많았다.

신평 동구 밖에서 안으로 들어서면 벚꽃길이 늘어서 있다. 벚나무가 줄지어 긴 꽃 터널을 이루고 있어서 우리나라가 광복이 된 아주 훗날까지 '사꾸라 돈네루'라고 불리기도 했다. 봄철에는 연분홍의 꽃밭, 꽃이 질 무렵이면 바람을 타고 눈송이처럼 꽃잎이 흩날리곤 했다. 고속도로가 생기고 이곳에 인터체인지가 있고부터는 이 꽃 터널의 길이도 훨씬 줄어졌고 그 옛날의 안개가 내리듯 한

꽃바람도 볼 수 없게 되었다.

그러나 내 기억 속에 차곡차곡 그려 넣어졌던 옛날의 모습은 영원히 지울 수가 없다. 그것이 내 그리움이기 때문이다.

벚꽃 터널을 지나면 오른쪽에 하북초등학교. 신평파출소를 지나면 종호 오빠 댁이 있었는데 내 기억에는 빗장 달린 대문을 들어서면 포도넝쿨 우거진 마당과 그릇이 가득한 고방이 왼쪽에 있은 듯하다. 건너편엔 일본식 이층 건물이 하나 있었는데 양산과 언양을 오르내리던 버스정류소였다. 그 앞길이 삼거리가 되면서 통도사 가는 길과 방터와 언양으로 가는 길이 쭉 뻗어있다. 삼거리에서 왼쪽으로 약국이 있었고 그 약국을 끼고 들어서면 왼쪽에 작은할아버지의 한의원, 그 뒤쪽이 내가 태어난 곳이다. 지금은 예식장이 들어서서 옛날의 모습은 찾아볼 수 없다. 그 안쪽으로 들어가면 신평 장터가 있는데 어린 날의 눈에 비친 장터의 아름다움을 훗날 「장터일기」라는 시로 빚어 보기도 했다.

장터 바로 옆, 대청마루가 넓은 기와집이 내 외가댁이다. 외할머니께서 검정보자기를 씌운 콩나물시루에 수시로 물을 끼얹던 모습. 넓지만 조금 컴컴하고 서늘했던 대청마루. 아직도 생생하게 떠오른다. 그 외가댁 왼편으로 초가집이 하나 있었는데 건장하게 잘생긴 남자가 쌀 씻는 항아리에 두 발을 담그고 있던 모습이 떠오른다. 무슨 병이었는지 그곳에 갔을 때마다 그런 모습을 보았다.

방터 가는 길은 멀리 보이는 자갈길로 언덕이 되어서 그런지 어린 눈에 길이 늘 곤두서 있는 느낌이었다. 쭉 곧은 신작로가 누워 있지 않고 솟구쳐 있는 저 길 너머에는 무엇이 있을까 늘 궁금했다. 누가 오고 있을까. 어린 마음에 아련한 동경과 그리움을 함께 했던 듯싶다.

외할머니를 따라 논밭으로 새를 쫓으러 다니던 일. 논두렁. 밭두렁의 단풍 든 콩잎 따기. 논바닥에 빠져 거머리가 올라붙어 울음을 터뜨리기도 했던 내 어린 날. 지금도 눈앞에 펼쳐지는 한 폭의 그림이다.

신평삼거리에서 양조장을 지나고 물풍지 쪽으로 오르면 길옆에 당산나무가 늘 푸른 그늘과 짙은 매미울음을 들려주었다. 왼쪽 돌담길을 돌아 좁은 길로 들어서면 마지막으로 이사해 살던 외가댁이 보인다. 뒷마당에 빨갛게 익은 홍시가 달려있다. 여름에는 생감을 따서 소금물에 담근 김치 감을 부산의 딸네 집으로 보내주시던 외할머니. 늦은 가을이나 겨울밤 손 시리도록 찬 김치 감을 꺼내 깎아먹던 그 맛, 평생 잊을 수가 없을 것 같다.

둘째 외숙부님 내외분이 외할머니를 모시고 계셨다. 갓 결혼하신 외숙모님과 조상 어르신 산소에 따라 갔던 기억도 떠오른다. 새신부인 외숙모님은 하늘색 레이스 한복을 예쁘게 차려 입으신 모습이 선녀가 하강한 양 눈이 부시게 아름다웠다.

외할머니께서 타계 하실 때까지 외숙모님은 시어머니를 모셨다. 내가 중학교 입학한 그해 여름, 친구와 함께 외가댁을 찾았다. 친할아버지 할머니가 일찍 돌아가셔서 방학만 되면 외가댁 가는 게 나의 큰 나들이였다. 외숙모님께선 호박과 감자를 넣은 수제비도 곧잘 해주시며 한 번도 싫은 내색을 안 하셨다. 큰시누이의 딸이었는데 여름과 겨울방학이면 찾아오는 조카가 무엇이 그렇게 반가웠을까? 이제 나이 들어 생각 하니 철없던 어린 시절이 아니었던가 싶다. 훗날 외숙부님은 사업 하시느라 부산에 오시면 늘 우리 집에서 숙식을 하곤 했다. 맏이이신 어머니는 돌아가시는 날까지 형제 사랑이 지극하셨다. 수십 년 세월이 흐른 오늘에도 외숙모님과의 인연은 참으로 지중하다.

이제 사랑하던 모든 분들, 제일 맏이이신 어머니와 동래 이모님, 그리고 큰외숙부님과 막내 외숙부님, 맨 막내 이모님까지 모두 떠나시고 막내 외숙모님 한 분만 살아 계시다. 연로하시니 앞으로 언제까지 이 고운 인연이 이어질 수가 있을는지 생각하면 참으로 쓸쓸해진다. 한 시대에 태어나 그 시대에 순응하면서 한 획이나 한 점으로 존재를 남기고 서서히 사라져갈 뿐, 그리움과 허무함만 숨 차오르게 할 뿐이다.

통도사 가는 입구 물풍지는 너른 반석과 여울져 흘러내리는 계곡이 아름다운 곳이다. 사라호 태풍 때 그 아름다웠던 계곡이 깡그리 씻겨져 내렸다. 어머니께서 늘 '법 없이도 사실 신 구장 오라버니'라 말씀하시던 아저씨 댁이 물풍지 바로 아래에 있어 많은 피해를 보았다. 그 아저씨 댁과는 지금 이 나이까지 참 좋은 인연으로 이어지고 있다. 많은 형제자매들과는 어르신들이 모두 이승을 떠나신 지금까지 아름답게 맺어 오고 있다. 특히 7남매 중 여형제들이 많았는데 동자 언니, 동명 언니, 동옥 언니, 말남이 동생과의 인연은 말할 수 없이 깊다. 동명 언니와의 어린 시절의 추억은 더욱 남다르다. 모두가 양산 신평이 맺어준 소중한 인연인 것이다.

왜 나는 그곳에서 태어만 났을 뿐인데, 초등학교도 다니질 않았는데, 이상하리만치 신평에 대한 그리움이 산적해 있는가. 지금 헤아려 봐도 도무지 알 수가 없다. 내 그리움을 잣대로 재질 않고 무조건 품어 안아주었기 때문일까?

물풍교 오른쪽에는 서리, 지산, 평산으로 오르는 길이 나 있고 모단으로 가는 한적한 길이 또 있었는데 요즘은 '통도 판타지아'라는 유원지로 변모 되어있다.

물풍교를 지나 좀 더 따라 들어가면 하늘까지 가린 아름드리나무들이 서 있다. 혼자 걷노라면 자꾸 뒤가 돌아다 보이는 서늘하고 호젓한 길, 비석이 많이 서 있어 비라도 내리는 날에는 을씨년스런 기분마저 드는 길이다. 군데군데 있는 석등의 외로움도 만나고 울창한 수목들과 넓고 큰 반석들, 맑게 흐르는 물소리는 몸과 마음을 씻어 내리게도 한다.

통도사 경내로 접어들면 일주문 앞에 세 개의 무지개 돌다리, 삼성반월교가 보인다.

광목천왕, 지국천왕, 증장천왕, 다문천왕, 사천왕(四天王)의 그 위세에 이곳을 통과하기란 언제나 무섭기만 했다. 통도사는 삼보(三寶)사찰 중의 하나로 부처님의 진신사리(眞身舍利)와 가사(袈裟)를 금강계단에 봉안하고 있기 때문에 대웅전에 불상이 없는 사찰로 유명하다. 신라 선덕여왕 15년(643년) 자장율사에 의해 창건된 이 사찰은 낙동강과 동해를 끼고 해발 1,050미터의 영축산 남쪽 기슭에 자리 잡고 있다.

'모든 진리를 회통하여 중생을 제도한다(通萬法度衆生)'는 뜻의 글귀에서 얻어 통도사라 이름 했다 한다. 또한 '승려가 되려는 사람은 모두 부처님의 진신 사리를 모신 금강계단에서 계를 받아야한다(爲僧者通度之)'는 의미의 통도사라고도 한다.

더 깊이 들어가면 통도사를 짓기 전인 진평왕 때 자장율사가 바위벽 아래에 움집을 짓고 수도 하던 곳으로 풍광이 아름다운 자장암이 자리하고 있다. 암자 주변의 경관과 계곡 또한 아름다워 한 번 가보면 다시 찾지 않고는 못 배길 곳이기도 하다.

자장암 계단이 시작되는 곳에 '백팔번뇌를 잊게 하는 아름다운 계단'이라고 쓰인 바위가 보인다. 정녕 모든 번뇌의 소멸을 이루는 계단이라면 수천수만 번 오르내려도 좋으련만.

자장암에 가면 금와(금개구리) 보살을 꼭 보고 와야 하는데 바위의 구멍 안에 있어, 비 오는 날이나 습기가 있는 날이라야 종종 볼 수가 있다고 한다.

언젠가 대학 친구 현자, 청옥, 부산의 선자와 함께 자장암의 부처님을 뵈러 갔던 날, 이른 봄날의 홍매화가 무척 아름다웠다. 그 날도 동명 언니와 그 따님 영자 조카의 따뜻한 사랑을 듬뿍 받고 돌아온 기억이 새롭다.

아름다운 자장암이여! 통도사여! 신평이여! 내 언젠가 곧 다시 찾아가 뵐 수 있으리라.

송진 향내, 그리움

등단하고 첫 시집 상재한 뒤 지금은 고인이 되신 소설가 구혜영 선생님과 희곡작가 전옥주 선생님의 추천으로 한국여성문학인회에 입회하게 되었다. 문학을 하는데 남성, 여성의 편 가르기가 필요한가라는 물음들이 더러 있지만 나는 여성문학인회를 영원히 잊을 수가 없다. 1998년 3월부터 2000년 3월까지 시인 김후란 선생님을 제17대 회장으로, 소설가 정연희 선생님과 시인 이경희 선생님을 부회장으로, 간사장에는 시인 김소엽 선생님이 추천되셨다.

그리고 간사에 수필가 권남희 선생님과 필자가 맡게 되었다. 나는 그 무렵 시아버님께서 병환 중이시라 늘 부산을 오르내리고 할 때여서 내심 무척 망설여졌다.

여성문학인회 회기가 끝나고 다음회기로 넘어가는 총회 날, 바탕골 찻집에서 삼삼오오 문인들과 차를 마시고 있는데 새 회장님이신 김후란 선생님과 이경희 선생님, 전옥주 선생님, 노순자 선생님, 한윤이 선생님이 들어오셨다. 일어나 인사를 드리니 함께 합석을 하자시며 우리가 앉은 좌석에 모두 앉으셨다. 이런 저런 말씀 중에 이번 회기의 간사를 뽑아야 한다는 얘기가 나왔다. 한참 얘기를 나누시더니 갑자기 김후란 회장님께서 나를 가리키시면서 "그대가 맡아주면 안되겠어요?" 하셨다.

마침 회장님께선 나의 맞은편에 마주보고 앉아 계셨고 그 당시 내 이름자도 모르실 때였다. 나는 아니라고 손사래를 여러 번 쳤지만 어쩔 수 없이 맡아하게 되었다. 그러나 끝내 그 해 가을, 시아버님께서 타계 하시는 큰 아픔을 겪기도 했다. 아버님의 장례식과 7재를 치르는 오랫동안 많은 배려와 뜨거운 사랑을 보내주신 김후란 회장님과 집행부 선생님 여러분께 진심어린 깊은 감사를 올리고 싶다.

역대 기라성 같은 선배 선생님들의 발자취를 답습하고자 2년 동안 나름대로 최선을 다 해보았다고 생각하지만 가끔 얼마나 미숙하고 미흡함이 많았을까 하는 회한이 안개처럼 묻어오기도 한다. 젊은 시절 무척 흠모하며 그분의 시를 즐겨 낭송했던 작고문인 노천명 시인의 재조명을 준비하면서 내심 많이 설레기도 했다.

한국여성저작정보센터 설립기념문집 『아름다운 세상을』을 도서출판 '답게'사 사장님의 배려로 출간하기도 했다. 출판사에서나 출간기념을 위해 답게 사장님 댁에서 푸짐한 산사의 성찬을 베풀어 주시곤 했다. '프라자호텔 덕수홀'에서의 송년 모임은 선 후배간의 친목 도모로서 한 해를 마무리 하는 뜻깊은 행사였다고 생각된다.

그 당시 여성문학인회는 회관이 없었는데 지금은 작고하신 전숙희 선생님의 크신 배려로 동서문학사의 방을 쓰게 되었다. 마침 부회장이신 이경희 선생님께서 편집장으로 계셔서 더없이 즐거운 작업을 하게 되었다. 전숙희 선생님께선 뵐 때마다 항상 반갑게 맞아주시던 모습을 정녕 잊을 수가 없다. 그리고 늘 조용히 우리를 도와주시던 김 부장님께도 지면을 빌려 감사의 마음을 전해드리고 싶다. 미스 황이라는 아름다운 분의 미소도 함께 그 시절의 추억 속에 저장되어 있다. 어느 해 송년회 선물 포장을 하루 종일 혼자서 준비하던 기억이 새로워진다.

간사의 끝자리지만 지금껏 아름다운 사랑을 받고 사랑을 드릴 수 있는 토양이 모두 여성문학인회에서 뿌리 내려진 게 아닐까, 때때로 소중한 보물을 안고 있는 듯하다.

지칠 때 늘 큰 나무로 깊은 그늘을 드리워주시던 김후란 회장님, 언제나 부드러운 배려로 어깨를 감싸주시던 정연희, 이경희, 두 분 부회장님, 옛 대학 채플시간 때 뵙던 고운 미소를 세월이 흘러도 잃지 않으시던 김소엽 간사장님, 매사에 활달한 추진력을 과감히 표출하며 타인을 언제나 명랑하게 이끄는 권남희 간사님. 언제 또 다시 그런 인연을 만날 수 있을는지요? 참으로 그 시절이 그립습니다.

4.

추억에 서는 나무

사랑, 영원한 그 길

사랑이라는 낱말을 『새 우리말 큰 사전』에서 찾아보았다.

1. 중히 여기어 정성과 힘을 다하는 마음.
2. 이성에 끌리어 몹시 그리워하는 마음, 또는 그런 관계.
3. 일정한 사물을 즐기거나 좋아하는 마음.
4. 동정, 긍휼, 구원. 행복의 실현을 지향하는 정념.
곧 독생자 예수를 보낸 하나님의 사랑, 이웃 사람에 대한 사랑, 하나님을 사모하는 사람의 사랑으로 나눔.

대강 이러한 정의를 읽어 볼 수가 있다.

사람은 어머니의 배 속에서 열 달 동안 사랑을 익히다가 태어나면서 어머니와의 끈, 탯줄을 끊고부터 사랑에 눈이 떠진다고 본다. 어머니의 품속에서 어머니의 젖가슴을 더듬으며 엄마의 젖꼭지를 물면서 사랑의 포만감을 느끼지 않을까?

젖비린내 밴 엄마 냄새를 맡고 포근히 잠들기도 하고 잠시라도 보이지 않는 엄마를 찾아 칭얼대기도 한다. 이 세상에서 단 하나밖에 없는 절대적인 부모님의 사랑을 먹으면서 아기들은 자라난다. 어느 시기에 다다르면 가족이 아닌 이성에 점차로 눈이 떠지면서 또 다른 사랑을 체험하게 된다.

세상에는 아가페적인 사랑과 에로스적인 사랑이 늘 공존하고 있지만 나를 사랑해 주는 사랑보다 내가 사랑하는 사랑에 때때로 목숨을 걸기도 한다.

내가 쏜 큐피드(Cupid) 화살로 평생을 행복이란 굴레를 스스로 쓰기도 하는 부부도 있지만 먼발치에서 바라만 보다가 해바라기하며 평생을 늙어가는 사람도 있을 것이다.

행복한 맺음도 많겠지만 이룰 수 없는 사랑에 눈이 멀고 귀가 멀어 끝내는 이승에 발붙이지 못하고 쓸쓸히 떠나가는 인생도 허다하다.

아주 어린 시절 들었던 옛 이야기가 지금 이 나이까지 잊혀지지 않고 가끔 생각이 난다. 외할머니의 먼 일가 되는 종호라는 분의 가슴 저린 사연을 나의 짧은 기억으로 옮겨 보고자 한다.

나는 양산에서 태어났지만 다섯 살 때 부산으로 부모님을 따라 이주해 왔다. 그러나 수시로 외가댁이 있는 신평에 자주 가곤 했다. 갈 때마다 포도넝쿨 그늘이 깊던 종호 오빠 댁 마당이 마냥 좋았으며 그 집 자매들 영순, 계남, 봉남 언니들의 귀여움을 독차지 했다.

혼인 날짜를 받아 놓은 계남 언니는 마당을 향해 늘 방문을 열어두곤 무릎에 수틀을 올려놓고 수를 놓고 계셨다. 그때는 너무 어려 몰랐지만 아마도 시집 갈 준비였던 모양이었다. 봉남 언니는 유독 나를 귀여워하며 무용을 가르쳐 주고 어디든지 데리고 다닌 기억이 난다.

그렇게 가족같이 잘 지내던 종호 오빠가 어느 날 부산 신창동의 우리 집엘 들르셨다. 그날은 하룻밤도 묵지 않고 바로 고향으로 가신다 하여 어머니께서 애써 붙들지 않으셨다 한다. 종호 오빠는 어린 내가 자꾸만 붙드는 손을 난감해 하며 달래어 두고 곧장 양산 신평의 본가로 간 게 마지막 본 모습이었다. 올라간 그날 밤 스스로 목숨을 끊으셨다 한다. 무슨 인연에서인지 대구에 살고 있는 어떤 기녀(妓女)를 깊이 사랑했다고 한다. 내 어린 기억에도 종호 오빠는 훤칠한 키에 미남이 아니었던가 싶다. 아마도 대구에서 공부를 하다가 그 어떤 인연의 고리를 놓지 못하고 고뇌하다 이룰 수 없는 사랑을 죽음으로 마감한 것이 아닌가 생각된다. 어떤 여자였을까? 아니 어떤 기녀였을까? 얼마나 절절한 사랑이었기에 소중한 목숨과 바꾸었을까?

집안에서 그 두 연인들의 사랑을 인정하지 않자 막다른 골목에 선 절박한 마음은 우리 집에 들렀다간 그날 밤에 홀연히 놓아버린 게 아니었을까. 어머니께서는 "그날 내가 강력히 자고 가라고 붙들었다면 어땠을까." 하시며 내내 안타까워 하셨다. 어린 고사리 손으로 잡고 보채는 내 말이라도 들었다면 아직도 살아 계시지 않았을까.

지금은 그분을 기억하는 모든 사람들이 이 세상에 안 계신다. 우리 어머니를 위시해서 외할머니와 영순, 계남, 봉남 언니마저도.

이제는 전설 같이 되어버린 옛 이야기를 아직도 털어내지 못하고 외가댁이 있던 신평만 생각하면 내 가슴 저 밑바닥의 그리움 모두가 여울목에서 소용돌이치며 솟구쳐 오른다.

숲, 그대 만나다

주말마다 산을 찾은 지 어언 수십 년이 흘렀다. 아이들 어릴 적부터 고사리 손을 잡고 새해 벽두부터 눈 덮인 이 산, 저 산의 시산제 참석을 시작으로 우리나라 명산의 사계절을 두루 찾아가곤 했다. 산을 사랑하는 마음은 나무를 눈여겨보게 되고 산행을 하며 나무와의 소통이 자연스레 익혀 오곤 했다. 산을 오르면 묵묵히 하늘을 바라고 말없이 제 자리를 지키며 제 살붙이들을 사방으로 키우고 있는 나무들을 만나게 된다.

모진 폭풍우에도 나무들은 의연하게 모여 살아 숲을 이뤄 외롭지가 않을 것만 같다.

초록물 머금은 물푸레나무와 파랗게 질린 은사시나무 잎이 바람결에 떨고 섰다. '사랑의 한숨' 꽃말을 가진 칡넝쿨은 땅이 꺼지는 외로움을 나무줄기마다 감아올리고 민들레는 제 분신을 날려 가장 먼 곳까지 새끼를 치기도 한다. 숲의 우두머리 서어나무 숲속에서 까막딱따구리는 오늘따라 유난히 큰 울음소리를 내고 해질 무렵 소쩍새는 '소쩍당 소쩍당' 하고 화답을 한다. 그러면 회청색 머리를 가진 황조롱이가 때때로 공중에 가만히 머무르며 숲을 내려다보기도 한다. 청설모는 나무 위의 새 알과 새끼까지 작은 짐승 다람쥐로 배를 채우고 물까치는 겨울에 울음소리를 내는 직박구리와 싸워서 이기기도 한다.

이처럼 숲속에는 무궁무진한 삶이 기다리고 있다. 때로는 귀룽나무가 반갑게 맞아주기도 하고 때로는 신갈나무가 토닥여 주며 갑자기 세잎종 넝쿨이 발목을 잡자 수줍어하던 산목련 그림자가 불쑥 그늘을 내밀기도 한다.

한평생 한 곳에 뿌리를 내리면 언제나 그곳에서 생을 다 하는 나무여, 숲이여. 사지를 뻗으면 뻗은 만큼 하늘과 비를 만나고 거리낌 없이 온몸 가득 품어 주는 햇살도 만난다. 세상에서 온갖 우레와 천둥소리로 산산이 부서진 가슴일지라도 "이곳에만 한번 들어와 보십시오." 숲은 정갈한 손짓으로 유혹하는 것 같다.

"어서 치유해 주는 그대를 만나러 오십시요. 발이 없어 나는 못 가오."

바람이 주는 말도 잠시 멈추고 나무가 듣는 말도 잠시 귀 멀어 산마루 끌어내려 단 하루만이라도, 단 한 시간만이라도 아니아니 단 십 분만이라도 평생을 침묵하는 나무를 말하게 하면 안 될까. 정녕 안 되는 걸까.

바이올린, 추억을 켜다

부산 대신동의 구덕산 기슭에 자리한 부산여자중학교.

수업이 끝나면 교실 밖 복도엔 언제나 소녀들의 마음을 설레게 하는 음악이 흘러 나왔다. 학교 방송반에서 복도 스피커로 보내주는 선물이었다. 김성태 작곡의 '그 집 앞' '성불사의 밤' 가곡들과 슈만의 '트로이메라이' '타이스의 명상곡' '성모의 보석 중에서 간주곡' 등등. 나의 문학적인 감성을 가장 깊숙이 뿌리 내리게 해준 구덕산과 구덕골의 추억은 지금껏 살아오는데 큰 자양분이 되지 않았나 싶다.

그 시절, 행사 때마다 문예반 선생님께서 시낭송을 시키셨다. 그럴 때면 늘 나타나는 일학년 후배가 있었다. 얼굴은 보송보송하니 새하얗고 몸은 아주 가냘픈 소녀가 바이올린을 들고 수줍은 듯 구석에 서 있곤 했다. 행사의 중간, 연주할 차례가 되면 어디서 그런 힘이 솟구치는지 그 가냘픈 몸으로 바이올린을 열정적으로 잘 켰다. 그 당시엔 바이올린을 배우는 주위 친구들이나 학생들이 거의 없었던 시절이었다.

행사 때마다 자주 마주치면서 우리는 언제부터인가 아주 가까운 사이가 되었다. 그 이름은 이희순. 자연스레 언니, 희순아 부르는 다정다감한 선후배가 되어갔다. 희순이는 부산의 유명한 오태균 교수에게서 바이올린을 사사 받고 있음을 알게 되었다.

나는 부산의 중구 부평동에 살았고 희순이는 바닷가 송도에서 그 먼 서대신동 공설운동장 뒤 골짜기의 학교까지 통학을 하고 있었다. 그 아버지께서는 혈청소연구소에 연구원으로 근무하여 송도관사에서 살고 계셨다. 우리는 서로의 집을 오가며 자매간의 정을 키워 갔다. 바닷바람이 사나운 겨울 송도는 한 번씩 갈 때마다 날아갈 듯한 공포가 엄습하기도 했다. 송도는 도심지와 가까이 있는 바닷가라 가족들과 늘 찾아가던 곳이었다. 여름이면 수평선에 피어오르던 뭉게구름과 어디론가 가고 있던 돛단배, 아슬아슬했던 보트놀이. 봄비에 말없이 울고 있던 파도 너울과 조개들의 합창이 지금도 귀 기울이면 들려올 것만 같다.

희순이 어머니께서는 얌전하고 단아하신 모습으로 한 번씩 찾아가는 나를 언제나 반갑게 맞아주셨다. 학교에서 열리던 행사로 대신동 공설운동장에서 족두리 쓴 한복 마스게임 때는 일부러 나를 찾아오시기도 했다. 그러다가 나는 사변 후 독일병원이었던 대신동의 부산여고에 입학하고 희순이는 서울로 이사 가면서 우리들의 소식이 언제부터인지 모르게 끊어졌다.

'몸이 멀면 마음도 멀어진다'던 속담처럼 우리는 부산과 서울이라는 거리감에 점점 망각의 늪 속으로 빠져들고 있었는지도 모른다.

서로가 서로의 길을 열심히 찾아 헤맨 탓인지 나도 대학을 가고 졸업 다음해 봄, 결혼을 했다. 결혼한 이듬 해 여름, 첫 애를 밴

만삭의 나는 한통의 전화를 받았다. 너무나 반가운 목소리, 희순이었다. 어떻게 나를 찾았을까. 불광동에 살고 있는 우리 집을 그다음 날 일찍이 찾아왔다. 나는 그 무렵 시동생 둘에 시누이까지 함께 살고 있었다. 얼마나 반갑고 기뻤던지 참으로 즐거운 상면이었다. 희순이는 서울 음대를 졸업하고 결혼까지 했었다.

1968년 8월이었다. 우리는 얼마나 오랜 회포를 풀었는지 시간 가는 줄을 모르고 과거와 현재를 오르락내리락 하였다. 얼마 후 나는 남편 따라 동경으로, 희순이는 남편 따라 미국으로 떠나갔다.

익숙하지 않던 외국 생활 속에서도 끊임없이 오갔던 정겨운 소식들. 쉽게 만날 수 없는 그리움을 봉함편지로 띄우면서 깊디깊은 향수에 빠지곤 했던 그 시절이 요즘도 가끔 떠오르곤 한다. 서로

간에 변화가 많았던 젊은 날, 가정을 꾸리고 태어난 분신들을 가꾸기에 급급했던 그 시절은 모든 인연을 잘 이어가기엔 나 스스로의 힘이 너무 부족했음을 깊이 느끼게 되었다. 그러다 시간의 강물은 어느덧 40여 년이나 흘러갔다.

지금도 이역만리 미국에 살고 있을까, 희순이는.

가끔 묵은 사진첩에서 운동회 때 찾아 온 희순이와 함께 찍은 사진을 볼 때가 있다. 귀엽고 예쁜 모습의 가녀린 소녀, 그 여린 손가락에서 흘러나오던 바이올린 음률들….

여러 번 소식이 궁금하여 전체 동창회 때마다 희순이를 아느냐고 후배들에게 수소문했지만 알 수가 없었다. 오래전 문경 주흘산 등산을 할 때 이 산, 저 산의 계곡에서 올라오던 바람 소리를 듣는 순간, 문득 희순이가 살던 송도가 생각났다. 주흘산에서 송도의 바닷바람을 떠올리다니. 사람의 기억이란 참 희한하구나. 더욱이 추억에 서린 기억이야말로 언제 어디서건 되살아난다는 것을 절실히 느꼈다.

언젠가는 만날 날이 찾아오겠지? 그날이 언제가 될지는 모르겠지만 살아생전 한 번쯤 반가운 해후를 가졌으면 좋으련만. 희순이와 인연을 맺은 지 어언 반백년이 흘러갔다.

세월의 두께가 켜켜로 쌓여 갈수록 그리움의 두께도 비례해 지는 것 같다. 날이 갈수록 최근의 일보다 지나간 옛 일들이 또렷이 기억되니 이 어인 일인가. 유년기나 젊은 시절이 종종 꿈속에 나타나곤 하니 이 또한 부질없는 갈망이 아닐는지?

희순아! 그리운 이름이여… 어느 하늘 아래 있든지 부디 건강하게만 살아다오. 언제까지나 기다릴게. 이 언니는.

친구, 그리고 이별

지금도 문인들 모임 '가은회'에 갈 때마다 호정이가 살던 빌라 옆 '한국관'을 찾는다. 언제나 왼쪽에 위치한 그 빌라 4층을 나도 모르게 올려다보게 된다.

지금은 이 세상에서 함께 숨 쉴 수 없고 함께 배움의 장에서 만날 수 없는 친구, 호정이를 그리워하기만 한다. 고등학교 다닐 땐 같은 반을 한 번도 한 적이 없어서 그리 친할 기회가 없었다. 친구는 S대 기악과로 진로를 정하고 나는 E대로 갔기에 더더욱 우정을 나눠본 적이 없었다. 결혼 후 초창기에 10명의 친구들이 우연히 모여 모임을 결성했다. 그 명칭을 '꽃술회'라고, 아름다운 꽃 속의 수술이 되자고 내가 제의를 하여 지금까지 50여 년 동안 불리게 되었다.

초창기엔 부부 함께 참석하는 기회도 만들었고 지금까지 몇 십 년의 변함없는 다정한 친구로 함께 살아왔다. 호정이는 남편을 따라 세계 여러 나라에서 젊은 시절을 보내다가 귀국하여 내가 사는 아파트 같은 라인 9층에 잠시 머물렀던 적이 있었다. 내가 친구를 보러 갔더니 마침 친구가 외출 중이었고 막내딸인 혜근이가(초등학교 3학년 무렵) 부재중인 어머니를 대신하여 소반에 김이 모락모락 오르는 차와 과일, 과자를 담아 챙겨 나오는 게 아닌가.

나는 너무나 놀라웠다. 그 어린 나이에 어머니 친구인 나를 아무 거리낌 없이 대접을 하다니. 호정이가 자식을 참 잘 키웠구나 싶어 놀랐다. 지금까지도 그때 그 시절의 기억이 어제 일처럼 생생하게 떠오른다.

호정이는 지극히 진취적이며 무엇이든 배우고 싶어 우리 친구들에게 알려주고 다들 참여하게 했다. 15년 동안 이어온 논어공부도 호정이의 전화 한 통화로 다니게 되었다.

사교적인 성품으로 각 분야의 사람들과 교류하며 기억력이 유별나게 뛰어나서 어느 때, 어느 장소, 어떤 옷을 입고 누가 무슨 말을 어떻게, 어떤 표정으로 했다는 것도 다 기억해 내는 머리 좋은 비상한 친구였다.

정이 많아 누구에게든 베풀기를 좋아 했으며 내가 한동안 이석증을 앓아 많이 고생하던 영하의 어느 추운 겨울 날, 추위에 꽁꽁 언 듯한 얼굴을 하고 우리 집 초인종을 눌렀다. 언 두 손에 들고 있는 갈비탕 두 그릇을 얼른 건네주고 총총히 어둠 속으로 달아나던 친구.

마음씀이 얼마나 아름다운지 이제 곁에 없으니 더 애통하기 그지없다.

사랑하는 부군을 잃은 엄청난 고독과 싸우느라 숱한 몸부림에 서서히 몸은 무너져 내리고 당뇨와 대상포진으로 고생하며 굼 뜨는 행동으로 어디에서든 늦게 나타날 수가 있어 그럴 때 주위의 싸늘한 시선들로 인하여 참 많이 아파하기도 했다. 왜 도심지에 사는 마음들은 모두 도심의 빌딩 숲을 지나가는 바람을 닮아 갈까. 왜 그 그늘을 닮아 가는지. 세상은 한 치의 실수도 용서치 않고 따스한 배려란 실종된 지 오래이다. 모든 건 달라져 간다. 육친의 정도, 친구의 우정도, 이웃사촌도.

오로지 부(富)에 매달려 이겨야 살아남는다는 철저히 비뚤어진 이기심이 문만 나서면 도처에 도사리고 있다.

이제 이국땅에서 친구는 떠나갔다. 그 친구, 고국에서의 영결미사가 열리는 날, 하늘에서 눈이 내렸다. 펄펄 내리는 눈송이들이 호정이의 따스한 손짓 마냥 느껴졌다.

너를 좋아하고 너를 그리워하는 가족, 친지, 친구, 많은 분들이 오셨다. 자신의 분신 삼남매를 모두 두고 먼저 가신 부군의 하늘집까지 어떻게 잘 도착하였느냐?

그곳에 가서도 역시 사람을 좋아하고 아낌없이 쏟고 있을 너는 사랑했던 그 많은 친구들 가슴에 영원히 피어나는 꽃이었다.

친구야! 그날, 믿기지 않는 너를 보내며 통한의 아픔을 하늘에 띄워 보냈다.

호정아!
저 멀리서
천둥소리조차 들리지 않았고

번쩍이는 번개 한 빛 찰나도 보이지 않았는데

이 무슨 청천벽력이더냐

일흔 넘긴 내 귀가 잘 못 들었나
눈앞이 캄캄해져 갈피를 못 잡고
흐르는 눈물만 붙잡고 있었구나

호정아!
마지막 가는 길이 얼마나 외로웠더냐
칠흑 같은 밤, 벼랑에 선 것처럼
얼마나 무서웠더냐
무엇이 그리 급해
말 한마디조차 아끼고 떠났느냐

알뜰살뜰 목숨보다 더 소중히 가꾸었던
진근이, 혁근이, 혜근이
그리고 손자 손녀 피붙이들
어찌 다 두고 눈을 감았느냐

피를 나눈 사랑하는 형제자매
그 많은 친구들, 다 버려두고
홀연히 왔던 길 되 돌아간단 말이냐

호정아! 너는
그 누구보다 친화력이 월등해서
그 누구보다 사람을 좋아해서
그 누구보다 의욕이 충만하여
그 누구보다 배움의 길을 이끌어

우리에게 늘 새로움을 만들어 주던 친구였는데

정 이월 다 가고 이제 곧 봄이 오는데
꼭 다시 오마 하던 너를
이제 두 번 다시 볼 수가 없단 말이냐

큰따님 곁에 둥지를 꾸미러
이역만리 테네시로 날아 갈 때도
우리 친구들은 너를 붙잡지 못했다

그곳은 광활한 대지인 만큼
혼탁한 서울보다 더욱 너를
따스한 가슴으로 보듬어 주리라
더욱이 엽렵한 딸, 사위의 보살핌으로
타국에서의 외로움도
눈이 내리 듯 덮어 주리라 믿었건만
그곳보다 더 좋은 곳을 누가 전갈해 주더냐

사랑하는 친구 호정아!

'사람이면 다 사람이냐
사람다워야 사람이지'라고
늘 함께 배움에 목말랐던 우리

사막보다 더 삭막하고 건조한 이 슬픈 이승을
이젠 다 놓아버리고

먼저 떠나가신 지아비 정 박사님과
부디 뜨겁고 깊은 해후 하시기를

오랜 너의 친구 모두가 진심으로 기원한다.

– 2016년 2월 28일 친구 선진이가

아름다운 만남

2019, 기해년 새해가 밝아왔다.

또 한 해를 보내고 새로운 원단이 시작되는 것이다.

세월은 떠오르는 태양과 함께 잠 한 번 자지 않고 늘 닳아지지 않는 얼굴로 새롭게 살아온다.

정초에 미국 산호세에서 날아 온 한 장의 사진.

김종주, 김혜자 언니 댁의 행복한 가족사진이었다. 아저씨 언니와 자녀들, 현경 부부, 현숙, 광훈 부부와 손자 손녀들과의 예쁜 한복 차림의 신정을 맞은 사진이었다. 이 가족과는 1979년 서울 도곡동 개나리 아파트에서 맺어진 어언 사십 년이 흘러 온 인연이었다.

우리 집은 505호, 혜자 언니 댁은 1105호, 그리고 1206호 손영갑, 노선량 언니 댁.

아이들이 초, 중, 고등학교를 다녀서인지 모두 친구가 되고 언니, 누나가 되었다.

우리 딸과 아들이 언니 댁의 현숙이와 광훈이와 초등학교 동기

생이었다.

우리 세 집은 친 자매나 다름없이 집집마다 드나들며 늘 오르내리곤 했다.

수많은 산과 들을 찾으며 크리스마스 땐 어느 집이라고 할 것 없이 모두 모여 성탄을 축하하며 즐거운 만남을 계속해 나갔다. 그 시절엔 모두가 팔팔한 젊은이로 아이들 키우느라 바빴지만 나름대로 각박한 도시 생활의 외로움을 깡그리 잊고 살았다.

그러던 중 미국회사 '페어 차일드'에 근무 하시던 김종주 아저씨께서 미국으로 발령이 나셨다. 그 언니 가족 모두가 완전히 서울을 떠나 이민을 가시게 된 것이다.

나는 그 무렵 어머니를 졸지에 잃어버린 상실의 슬픔 속에 허우적거릴 때라 언니와의 이별이 더 없이 슬펐다. 언니 댁은 낯선 미국에 둥지를 틀고 회사 사장님이 되시더니 다시 싱가폴에도 주재하셨다. 언니 댁이 산호세로 가시고부터는 세 가정이 함께 모이기는 점차 어려워졌으며 선량 언니 댁도 기흥에서 큰 농장을 경영하게 되어 서울을 떠나가셨다. 가끔 미국에서 서울에 오시면 세 집이 함께 모여 축배로서 성찬을 들었고 아파트 놀이터의 그네에 기대어 밤하늘의 별자리를 우러르며 마음껏 우정을 키우기도 했다.

어느 해, 광훈이를 데리고 서울에 오신 혜자 언니와 노선량 언니의 승용차로 설악산을 찾아 우람하게 우리를 맞이해 주는 울산바위의 위용에 한동안 말을 잃기도 했다. 기흥의 농장에 초대 받아 불타는 가을을 만끽하던 세 자매의 아름다운 추억이 내 기억의 회랑에 늘 걸려 있다.

1990년 우리 부부가 미국 방문 시 우리가 우리가 묵는 LA호텔까지 세 자녀를 데리고 늦은 밤 그 먼 길을 찾아오시기도 했다.

2007년 딸네 가족과 오레곤의 아들, 며느리 집에 갔을 때도 노년에 접어드신 혜자 언니 부부가 산호세에서 10시간 넘게 운전하여 우리 아들, 며느리, 딸네 가족 선물을 한 아름 싣고 우리를 보러 오셨다.

요즘도 샌프란시스코에 있는 아들 내외, 손자들을 설날이면 초청하여 외로움을 달래주시곤 한다. 우리 대신 부모 노릇을 다해주시는 아저씨 언니에게 마음 속 깊이 감사 인사를 드리고 싶다.

서울 동신교회 창설자이시며 목회자이신 아버님을 둔 혜자 언니는 나의 대학 선배님이고 어느덧 40여 년의 세월을 엮어간 귀한 인연이다.

2017년 여름, 샌프란시스코의 아들집에 간 우리 가족을 미국 서부 태평양 연안 바닷가 언덕 Rocky Point 품격 있는 고급 레스트랑에 초대하여 즐거운 만남을 가졌다.

사람과 사람 사이의 만남이란 무엇을 말함인가? 어떤 것을 의미함인가? 인생의 후반 길을 더딘 걸음으로 걸어가며 자꾸만 뒤돌아보게 된다.

잔잔한 호수와 같이 깊고 넓은 마음이 있는가 하면 해일이 일듯이 어느 순간 뒤집히며 걷잡을 수 없는 쓰나미에 내 모두를 앗아가는 그런 사람들의 마음을 참 많이 보아 왔다.

그것은 자기의 불붙는 욕망을 채우는 데만 혈안이 되어 사람을 사람으로 대하지 않고 자기 욕망을 푸는 도구로 보기 때문에 어려움이 닥쳤을 때 그 모습은 더욱더 확연히 드러난다. 그래서 의리 없는 슬프고 안타까운 인연으로 끝맺게 되는 경우를 종종 본다.

나는 풀포기 가득한 전원 속의 낮은 울타리 집이 아니라 차디찬 철문을 닫고 살아가는 콘크리트 벽의 아파트에서 얻은 '아름다운 만남'의 귀한 보물을 다치지 않게 소중히 간직하고 싶다.

물이 일으킨 반란

대구에서 제2의 낙동강 페놀사건이 터지면서 한반도를 또 한 번 초긴장 시켰다.

지난번 세상을 떠들썩하게 했던 페놀이 물을 건드린 사건. 오랫동안 번번이 당하고만 있던 물이 이제 두 손을 번쩍 쳐든 셈이다.

엄청난 부(富)를 축적하는 대 기업도 물의 반란을 잠재울 수는 없었던가 보다. 돈이면 무엇이든 이룰 수가 있고 돈만 번다면 무슨 일을 저질러도 일말의 양심의 가책조차 느끼지 않던 군상들. 종사자들의 복지 운운하며 목젖이 부풀도록 근로 조건의 개선을 부르짖으면서도 뒤로는 우리 국민의 건강을 야금야금 파먹는 행위를 거침없이 하고 있었으니 우리는 어떻게 나라 사랑을 하고 살아야 할까.

정치가들의 말놀음에 의심 없이 놀아나고 무수히 변하는 정책 앞에 선량한 국민은 끓어오르는 울분을 잠재우기가 무척 힘이 든다.

한강에서 멱을 감고 광나루에서 뱃전에 부서지는 물살을 손가락으로 떠올려 보던 시절이 있었다. 낙동강에서도 뱃놀이하며 맑은 물

속에서 유유히 노니는 물고기 떼를 내려다보고 낚싯대를 드리우던 그리운 시절도 있었다. 물속까지 환히 드러나 보이던 통도사입구 물풍지 계곡의 옥빛 물 하며 키 큰 미루나무 그늘이 길게 드리워진 강변에서 푸르른 꿈을 뭉게구름처럼 피우던 아름다운 젊은 날도 있었으나…. 지금 우리가 살아가고 있는 이 세상은 어떠한가.

경제성장은 박차를 가하지만 무량으로 쏟아내는 공장 폐수들, 그것도 어둠을 통해 쥐도 새도 모르게 야반도주하는 손길들, 우후죽순처럼 생겨나는 중소 영세 업체들이 거리낌 없이 흘려보내는 오염된 폐수는 우리의 산하(山河)를 침식시키고 있다. 문화국민의 수준에까지 이르렀노라고 자못 자긍심이 대단한 우리 국민들도 날이면 날마다 수많은 종류의 샴푸로 머리를 감아댄다. 식기는 중성세제로 하얗게 일군 거품 속에서 헹구어내고 세탁은 강력 표백 가루비누로 철철 풀어내면서 그래도 모자라 오존층을 파괴한다는 각종 스프레이로 잔뜩 멋을 내고 우쭐댄다.

산과 계곡마다 나들이한 발길의 흔적이 쓰레기 더미로 산적해가고 온통 사방 천지가 오염된 투성이다. 가뜩이나 성급한 국민성은 언제부터 그토록 잘 살았었는지 아낄 줄도, 기다릴 줄도 모르고 너나없이 무형의 칼을 휘두르고 있다. 날이 새면 새록새록 파괴되어가는 인간성을 아직도 깨닫지 못하고 있을 뿐이다. 우선의 편리함에, 우선의 안락함에 모든 것은 마비되어 가고 중독되어가고 있는지도 모른다. 이렇게 우리 스스로가 저지르고 있으면서도 우리는 당장 우리 입에 들어갈 생수(生水) 찾기에 여념이 없고 약수터에서 몇 시간씩이나 줄을 서는 수고도 마다하지 않고 있다. 바깥에선 오염된 물

을 가득 마시고 집에서는 생수로서 위안을 삼기도 한다.

물(水)이라는 단어를 국어사전에서 찾아보면 '도처에 존재하는 무색무취의 액체이며 생물의 생존에 있어서 잠시라도 없어서는 안 될 물질의 하나이다. 자연계에는 세 가지 형태로서 즉 고체(얼음, 눈), 액체(물), 기체(수증기)가 존재한다. 물은 모든 동물의 세포와 식물조직과 광물의 결정에 없어서는 아니 될 물질이다'라고 씌어있다.

이렇게 물이라는 물질이 삶의 원천이며 우리의 생명수(生命水)이고 살아가는데 없어서는 안 될 젖줄인데도 그 고마움과 소중함을 순식간에 잊어버리고 경거망동을 서슴지 않고 있으니 언젠가는 물의 질책을 호되게 받을 날이 올 것이다.

물은 물꼬를 터주면 흘러갈 줄 알지만 막으면 고이는 이치를 터득한다. 물은 정직하다. 곱게 다루면 맑을 줄 알고 거칠게 다루면 흐리고 탁해진다. 물은 지구의 곳곳에서 예로부터 많은 기적을 일으켜왔다.

고대 이집트 문명의 발상지인 나일강, 세계 최고(最古)의 문명 발상지인 유프라테스강, 독일의 라인강은 중고(中古)시대에 라인강의 기적을 낳았다. 중국의 양자강은 아시아에서 제일 긴 강으로 중국의 지중해라 불리며 생산지대와의 교통운수상의 대동맥을 이루었다. 우리나라도 한반도를 가로질러 중심을 촉촉이 적셔주는 한강에서 기적을 일으킬 날이 머지않아 오지 않을까.

물은 인간에게 젖줄이고 생명수이지만 물의 위력 또한 사납기 그지없다. 물은 인간에게 무한한 혜택을 주지만 때때로 인간의 교만을 일깨워주기도 한다. 그것은 곳곳에 일어나는 물난리가 가장 좋은 예라고 할 수 있겠다. 가뭄 끝에 적당히 내리는 단비를 맞고 서 있는 농부의 검게 탄 주름진 얼굴이 매스미디어를 통해 비칠 때 우리의 기쁨인 양 마냥 즐겁고 시원함을 맛보기도 한다. 하지만 작년 초가을처럼 위험수위까지 차오르는 한강물로 인해 서울은 초읽기를 거듭하는 어려움을 겪었을 때 정녕 아찔함을 느끼지 않을 수 없다. 춘천, 소양댐의 수문을 몇 개 더 여느냐, 팔당댐의 수문의 여닫이에 따라 서울이 잠기느냐 떠오르느냐 하는 긴박한 밤을 지새운 기억이 아직도 우리의 뇌리에 또렷하게 남아있기 때문이다.

물은 우리의 재산과 귀중한 생명을 삼킬 수도 있고 또 한편으로 갈한 목구멍의 갈증을 축여줄 수도 있다.

메마른 가지마다 초록물을 들여 주고 더 깊게 뿌리를 내려주는 물, 언제쯤이면 수돗물을 안심하고 먹을 수가 있을까.

높은 산 깊은 계곡까지 가지 않아도 살아 숨 쉬는 물을 언제쯤 마음껏 마실 수 있을까.

추억에 서는 나무

앞머리가 툭 튀어난 털털거리는 시골 버스를 타고 양산군 신평에 내리면 외가댁으로 들어가는 길목에 높고 커다란 당산나무가 버티고 서 있었다.

여름이면 무성한 잎으로 짙은 그늘을 만들어 동네 사람들의 쉼터가 되기도 하고 만남의 장소가 되어주기도 했다. 나는 도회지로 이주한 뒤에도 곧잘 외가댁을 찾아 갔다.

신평 버스정류소에서 내려 통도사 가는 길을 따라 가면 언제나 그 큰 당산나무를 만나게 되었다. 나의 어린 눈에 비친 나무는 언제나 반겨주는 친구였고 외할머니 댁을 지켜주는 수호신이었다. 나는 항상 그 나무를 표적 삼아 할머니 집을 찾아 가는 골목길로 들어섰다. 나지막한 돌담을 돌아 사립문을 밀치고 들어서면 버선발로 뛰어 나오시며 꽉 안아주시는 외할머니의 품, 그 포근한 향기를 내가 할머니가 된 이 나이까지 잊지 못하고 있다.

돌담을 따라 기어가는 담쟁이덩굴, 담장 안마당에 소복이 피어 있는 봉숭아꽃, 접시꽃, 함박꽃과 채송화. 요즘같이 6월이면 밤새 떨어져 내린 감꽃이 하얗게 눈처럼 떨어져 있어 환성을 지르기도 했다. 비록 요즘처럼 풍성한 먹을거리와 스마트 폰이 없어도 부엌 천장에 매달아 놓은 소쿠리에 담겨진 보리밥을 차가운 샘물에 말아 뒤 텃밭에서 딴 싱싱한 풋고추를 노란 된장에 푹 찍어 먹던 그때, 그 시절의 맛을 어디에서 찾아볼까.

밤이 되면 너른 마당의 평상에 누워 밤하늘의 무수한 별자리와 수없이 떨어지는 별똥별의 흐름을 쫓아가기도 했다. 어릴 적 예닐곱 살 때였던가. 통도사가 자리하고 있는 영축산에 오빠, 언니 손에 이끌려 오른 적이 있었다. 높고도 험준한 산을 오르며 아름드리나무들이 비탈에서 옆으로 드러누운 듯한 풍경이 내 기억 속에 각인 되어 그때부터 나무가 서 있는 자연이 좋아서인지 늘 산과 나무를 찾곤 했다.

언제 어느 때 찾아가도 그 자리 그대로 있는 산, 그 몸에 뿌리를 내리고 있는 나무들은 겨울이면 어디로 숨었는지 모두 그 많은 수액들이 다 잠적해 버린다.

가으내 뻗어 나간 식솔들을 하나 같이 버리더니 겨우내 바싹 말라 걸칠 옷가지 하나 없는 몸으로 온갖 세상 절망과 외로움은 다 가진듯하던 겨울나무들. 어머니의 젖줄처럼 뿌리로부터 물관을 타고 무수히 간질이는 저 복받침으로 봄은 우리가 눈치 채지 못하는 사이 조용히 오고 있다. 얼음장 아래 숨죽이며 흐르는 계곡물 소리에 버들강아지는 보송보송 눈을 틔우기도 한다.

찬란한 봄과 무르익어 가는 무성한 여름도 모두가 살아 숨 쉬는 나무와 자연의 울부짖음이다.

우리 인간도 부모 몸에서 태어나 살아오며 수많은 사람을 만나게 되었다. 그 만남 가운데 지극히 아름답고 선량한 만남으로 내가는 길에 꽃길이 되어줄 때도 있지만 때로는 씻겨도 쉬이 씻기지 않는 아픈 상처는 큰 나무가 되어 깊숙이 뿌리 내리기도 한다. 세상사 모두가 시류에 엎어지고 변절을 식은 죽 먹 듯해도 나무는 언제나 그 자리 그대로 말없이 품어주며 빛과 바람과 물이 주는 약속을 배반하지 않는다.

한평생 반듯하게 지키며 고목처럼 살다 가신 사랑하는 내 어머니처럼.

지울 수 없는 슬픔

유월 어느 날, 친구 어머니의 별세 소식을 듣고 부랴부랴 병원 영안실을 찾은 적이 있다. 향년 86세이신 고인(故人)께선 아침나절 주무시는 듯이 생(生)을 마무리하셨다. 생전의 꼿꼿하고 정갈하신 모습 그대로 마지막 가시는 길 마련도 그 성품 고스란히 지키신 어른이심을 새삼 가슴 깊이 느낄 수 있었다. 살아생전에 자식들에게 누가 될까 봐 일상을 깔끔하게 사시다 가신 어른임을 나는 그 친구를 통해 알 수 있을 것만 같았다.

친구들 모임에서도 늘 그윽하고 우아하며 아름답던 그 친구, 튀지 않는 공처럼 모나지 않게 둥글둥글하며 그러나 항시 제자리에 앉아 있는 그림자 같은 친구. 빈소 앞에서 어머니를 잃은 그 친구에게 "어머니께선 참으로 복인(福人)이시다. 보내 드리는 분들의 슬픔은 더없이 크시지만 가시는 어머니를 위해선 그 이상 더 좋은 일이 아니며 죽음의 복(福)을 지니신 분이시다."라고 친구를 위로하고 왔다.

저렇게 허망하게 한마디의 말씀도 없이 떠나가심이 정녕 복인

(福人)이실까. 나를 지독한 슬픔에 빠트린 옛 기억의 파편들이 일제히 오관을 통해 소리내기 시작했다.

나도 이 세상에 단 한 분뿐인 어머니와 작별인사도 못 나눈 이별을 했다. 한마디의 유언도 듣지 못한 채 맥없이 속절없이 어머니를 잃고 말았던 것이다. 내가 부르면 언제나 불사조같이 달려와 주시고 천 년, 만 년 긴 세월 동안 내 곁에 계셔 주실 것만 같은 어머니셨는데….

나의 어머니께선 매일 새벽 3시 반에 일어나시어 기도와 두 시간여의 좌선을 실천하셨다. 취침 전에도 새벽과 같이 기도와 좌선을 하셨고, 서투른 국어 실력으로 매일매일 일기를 적으셨다. 돌아가시는 그날도 새벽 일기까지 써 두시곤 아침나절 돌연 쓰러져 그대로 운명하신 것이다. 그 전날 전화 통화에도 아주 또렷하신 음성을 전해 받았는데 그렇게 어이없게 떠나가시다니. 나의 어머니는 나에게 바로 종교 같은 분이셨다. 아무리 어려움이 닥친다 해도 어머니만 뵈면 안 되는 일이 없었고 늘 헤아릴 수 없는 신비로움을 온몸 가득히 지니신 듯 뭔가 모를 기(氣)가 늘 충만해 있었다. 한평생 이승을 헤엄쳐 나오며 고난을 고난이라 여기지 않고 좌절하지 않으며 최선을 다해 생을 꾸려 오신 분이다.

어릴 적부터 천자문, 동몽선습 등 머슴의 목말 위에서 글자도 익혔지만 맏딸로 태어난 유죄로 학교는 문턱에도 못 가 보고 가사에 어린 시절을 보내셨다 한다.

16세의 어린 나이에 경주 김씨 가문 참봉 집에 시집을 왔으나 그리 평탄한 인생을 사시진 못했던 어머니.

늘 "너에게 고난이 닥칠 때마다 이 에비를 원망 하여라." 하시며 가슴 아파 하셨다던 외할아버지의 고뇌가 지금도 가끔 생각날 때가 있다.

어머니는 육남매를 낳으셨고 그중 삼남매는 피어 보지도 못하고 이 세상을 떠났다. 자식을 잃은 슬픔도 삶을 꾸려야 하는 현실에선 한낱 사치에 불과했던 고달팠던 옛 시절, 강인한 정신력과 고통을 이기는 끈기와 참을성은 이 세상 어느 어머니도 따를 수 없을 것만 같다. 살아갈수록 모르는 것이 참 많은 지금도 학교 문턱에도 못 가본 어머니의 뼈를 깎는 교훈이 그 어느 가르치심보다 내 가슴 속 깊숙이 박혀있다.

어머니의 금싸라기 같은 가르치심은 가슴을 적시는 단비가 되어 나는 그 비를 맞아야만 숨을 쉬는 나무로 자라왔다. 언제나 불가(佛家)의 가르치심, 참, 진, 치를 말씀해 주셨고 아무리 도(道)를 깊이 닦은 도인(道人)이라 해도 결정적인 순간에 참지 못한다면 그것은 도인(道人)이 아니라셨다. 태어날 때 타고난 사주가 아무리 좋아도 관상보다 못하고 관상이 아무리 좋다한들 심상만 못하다고 늘 참 마음자리의 소중함과 위대함을 깨우쳐 주셨다.

내가 살아오는 동안 어머니의 참을성을 참 많이 보고 자랐다. 이루 헤아릴 수 없이 도인(道人)과 같은 거대한 가슴을 지니신 분이셨다. 무슨 일이든지 일머리를 잘 알아 풀어 나가셨고 아무리 유식하고 학문을 많이 배웠어도 스스로 가진 소견이 있는 것과는 별 관계가 없는 것을 어머니를 바라보며 깨달았다. 타인에게 베풀어도 "절대로 되돌아오는 메아리를 기다리지 말라."는 말씀과 함께

한평생 베풀기만 하시다 가신 분이다.

전 생애를 통해 부처님을 우러르며 부처님만 믿다가 돌아가신 어머니. 그러나 내가 어릴 적부터 하느님을 믿는 걸 말리시지도 않고 야단을 치신 적도 없었다.

돌아가시는 그 순간까지 기도 속에서 하루가 시작되고 기도 속에서 하루를 마감하신 어머니. 추운 겨울 밤 머리맡에 떠다 둔 자리끼의 물이 얼 때까지, 무더운 여름밤 모기소리와 더불어 익어가던 어머니의 기도소리. 한 번도 자신을 위한 기도를 들어본 적 없이 자나 깨나 자식과 부모 형제, 남을 위한 기도 소리였다. 그토록 자신보다 남을 위한 기도를 올리신 연유에서일까. 정말 자는 듯이 일순에 늘 참기나 했던 생(生)을 마칠 수 있으심이.

많은 형제자매 중의 막내인 친구는 빈소 앞에서 이 세상 끝 간 곳 벼랑에 서 버린 기막힌 절망을 안았으리라.

언제 어디서나 바람벽이 되어 주고 넉넉한 울타리가 되어 주시던 세상의 어머니. 이 세상 끝날 때까지 어머니를 향한 그리움은 영원히 꺾어지지도 마르지도 않으며 누구도 대신해 줄 수 없는 혹독한 이 슬픔, 어떻게 무엇으로 씻어 내려야 하나.

친구가 부디 그 큰 슬픔 속에서 하루 속히 안개 속을 헤치듯 헤쳐 나오길 바라며 곱게 떠나가신 친구 어머니의 명복을 가슴 깊이 빌어 드리고 싶다.

하늘 끝에 나는 새

한나절 출근한 남편으로부터 '일간스포츠'사가 주최하는 일일 조류탐사대에 따라가지 않겠느냐는 한 통의 전화를 받았다. 산을 좋아하는 그는 주말이면 산타기를 게을리 하지 않고 전국의 유명한 산이란 산은 빼놓지 않고 찾아가는 편이다. 연전에 일본 알프스까지 등정하며 그곳의 산을 사랑하는 사람들이 산을 대하는 공경심과 예의에 퍽이나 감동해하던 기억이 새롭다. 유독 산을 가까이하던 사람이 느닷없이 천수만 조류탐사대 행 권유를 하는 통에 얼떨결에 동의를 하고야 말았다.

그 전날 진종일 눈이 내렸었고 아름다운 설경과 떼 지어 나르는 겨울새의 모습이 내 상상의 나래를 확 펼쳐지게 한 것이다. 처음으로 동행하게 된 훈동이 내외와 출발 예정시간 40여 분이 지체된 온기 하나 없는 냉동차에 몸을 실었다. 차창 밖으로 보이는 설경은 더더욱 한기를 느끼게 했지만 휴게소에서 손끝으로 전해오는 따끈한 커피 한 잔의 온기로 얼어붙었던 심신을 녹이는 데는 충분했다.

차 속에서 조류탐사대 교수님의 설명은 금방 청둥오리, 비오리,

도요새의 파닥이는 날갯짓이 눈에 훤히 보이는 듯했다.

여러 해 전 고향을 찾아가는 도중에 아이들과 주남저수지를 찾아가 해거름의 하늘에서 무리지어 날아가는 겨울새를 보았다. 외로워서일까. 어쩌면 그렇게도 많은 새의 무리가 떼를 지어 다니는지 그 넓은 하늘이 온통 새카맣게 물들어 가고 있었다.

오래전 리처드 바크의 「갈매기의 꿈」에서 갈매기의 무한한 의지와 끝없는 비상을 감동 깊게 읽은 적이 있었다. 바닷가에서 늘 눈에 뜨이던 그 흔한 새지만 그들 나름대로의 무한히 날 수 있는 가능성과 높이 나는 새가 더 멀리 볼 수 있음을 잔잔히 일러 준 작품이었다. 하늘 끝에 나는 새를 통해서 갇혔던 자유의 꿈틀거림을 보는 듯했다.

시간이 흐를수록 하늘은 더욱 푸르러 갔으며 차는 계속 달리고 있었다. 혼탁한 서울 하늘과는 달리 박하 내음처럼 싸-한 서쪽 하늘이 펼쳐지고 있었다. 황량한 들녘 끝 군데군데의 잔설과 막 개토를 한 듯한 밭이랑이 곧 봄이 오고 있음을 알려주는 듯했다. 어느새 입춘을 맞은 탓인지 어제의 그 햇살이 아닌 것 같았다.

시골길이지만 옛날의 황톳길, 자갈길이 아닌 잘 닦여진 아스팔트길로 우리는 새를 만나러 달려가고 있었다. 만남이란 그래서 좋은 것인가. 우리는 언제나 헤어짐을 예감하면서 만남이라는 끝없는 설렘을 감지하길 좋아하는 것인가 보다. 항시 어제는 오늘과 다르고 오늘보다 내일 또한 다르리라는 희망과 기대치 때문에 수없이 마주치는 절망의 벼랑에서도 간신히 매달릴 수가 있는 것인가 보다. 미래는 알 수 없는 무한한 가능성을 꿈꾸게 해주므로, 새처럼 날게 해

주므로, 오늘 우리는 새를 찾아 따라 나서는 게 아닐까.

여기 동행하는 새를 쫓는 사람들은 모두 하나같이 새털처럼 포근한 마음씨와 선량한 눈빛을 하고 있을 게다, 틀림없이.

지금 어쩐지 세상 밖으로 달려 나가고 있는 느낌이다. 달려온 등 뒤로는 자고새고 중동전쟁의 CNN뉴스와 뇌물사건 국회의원의 얼굴들하며 음대입학의 부정사건 등등 모두가 별 세계의 소식들처럼 그 소문 또 눈덩이처럼 무성하기만 했다. 우리가 몸담았던 살맛나지 않는 저쪽 세상에서 벗어나 우리는 조그만 소리에도 푸드득 놀라 깃을 치는 물새들을 보러가고 있는 것이다.

몇 차례씩이나 물어물어 가는 길. 역시 순박한 새를 찾아가는 길은 어렵고도 어려운 길인가. 드디어 천수만의 물결이 햇살을 받고 깜짝 놀라는 듯 그 바다엔 한낮에도 별이 쏟아지고 있었다. 햇살에 몸살 앓는 금빛, 은빛 물결이 수많은 별처럼 반짝이고 있었다. 하늘에서 소낙비같이 별이 쏟아졌나 보다.

서해안 간척사업으로 곳곳에 덤프트럭이 오가고 밭고랑에 잔뜩 진흙을 묻히고 서 있는 포클레인, 띄엄띄엄 성긴 갈대밭 너머 간간이 날아가는 새들이 보인다. 애써 꿈꾸며 찾아왔던 붉은머리갈매기, 괭이갈매기, 흰죽지 참수리, 청둥오리, 재갈매기는 끝내 보이지 않았다.

우리 일행과 새의 거리는 까마득한 채로 몇 마리씩 날아가는 모습, 새까맣게 하늘을 덮으며 날아가고 있는 아름다운 모습은 상상만으로 만족해야만 했다.

충남 서산 천수만의 A지구는 면적은 넓으나 철새는 4만여 마리가 날아오고, B지구는 7만 7천 마리가 도래한다고 한다. 1988년부터 시작하여 현재 만 천 종류가 와 있다고 한다.

현재 우리나라 하천 생태계는 완전히 파괴되어 한강 고수부지에는 새가 한두 종류밖에 오지 않으며, 옛날엔 황오리, 외기러기들이 왔는데 최근엔 오지 않는다고 한다. 한강은 종류가 줄고 수는 늘어났으며 억새밭이나 갈대밭, 시금치 밭이 있어야 제대로 찾아온다고 한다. 강물이 깊으면 어식성 조류는 불어나서 비오리나 흰죽지만 늘어난다고 한다.

조류탐사대 인솔 교수님이 A지구에서 본 것은 겨우 흰뺨 검둥오리이며, 이 새는 북쪽에서 번식하여 남쪽에서 겨울을 난다고 한다. 여기 천수만에서 본 것은 말똥가리, 큰 말똥가리, 털발 말똥가리 중에서 털발 말똥가리와 왜가리가 서너 마리 보였으며 백로도 한 마리밖에 볼 수 없었다고 한다. 청둥오리가 주종을 이루고 있으며 물닭도 있었다고 한다. 가마우지가 날고 멀리 고니가 백여 마리 보였던 게 전부였다 하니 그나마 철새들을 볼 수 있었다는데 위안을 하며 일행은 또다시 오염투성이의 서울로 되돌아가야만 했다.

얼마 전 걸프전으로 새까맣게 변해 버린 개펄에서 잔뜩 기름을 뒤집어쓴 가엾은 새들의 사진을 신문지상에서 보았다. 인간이 스스럼없이 저지른 대가가 고스란히 나타나고 있는 증거였다. 언제까지나 무방비로 지켜보고만 있어야 하는 건지….

우리 일행은 끝내 파동치는 아쉬움을 잠재우지 못하고 서서히 다가오는 어둠 속으로 되돌아서야만 했다.

한낮에도 소낙비처럼 쏟아지며 눈부시게 하던 그 많은 별들은 어느덧 자취도 없어지고 한기 가득한 서울을 향해 달리고 있었다.

백범 김구 선생님을 기리며

'3·1운동 100년의 문학사적 의의와 과제'로 '내가 만난 역사 속의 그 인물'의 '문학의 집·서울' 원고 청탁을 받고 내가 생각하는 역사 속의 인물을 떠올려 보았다.

바로 김구 선생님이 내 뇌리에 떠오르기 시작했다.

우리나라가 일제로부터 해방되던 그 해 12월, 모스크바 삼상회의에서 한국의 신탁통치가 결의되자 반탁 운동을 전개하였으며 1948년 부산공설운동장에서 신탁통치 반대 운동 행사가 열렸다.

나는 부산 중구 보명유치원의 원아로서 서울에서 내려오신 김 구 선생님께 꽃다발을 드렸던 화동이었다. 김구 선생님께선 꽃다발을 받으시고 나를 번쩍 들어 안아 주시던 기억이 어슴푸레 나기도 한다. 그 당시엔 그분이 얼마나 훌륭하신 분이신지 아무것도 모르면서 선생님이 시키는 대로 꽃다발을 드렸을 뿐이다. 자라면서 부모님께서 하시는 말씀을 자주 듣고 김구 선생님을 나도 모르게 존경하게 되었으며 일찍이 『백범 일지』를 사서 통독하기도 했다.

백범 김구 선생님은 1876년 8월 29일(음7.11) 황해도 해주군 백운방 텃골에서 출생하였으며 본관은 안동, 자는 연상, 호는 연하 또는 백범으로 아명은 창암, 본명은 창수인데 구(九)로 개명하였다. 신라 경순왕의 후예로 선조들은 가문을 지키기 위하여 양반의 신분을 숨기고 상민으로 행세하여 연명해 왔다고 한다. 그의 어머니는 곽낙원 여사로 백범이 일본 장교를 죽이고 인천감옥에서 감옥살이 할 때 그 근처에서 식모살이 하며 옥바라지를 한 훌륭한 어머니셨다. 베를 짜서 번 돈으로 백범을 가르치고 조금의 잘못이 있어도 엄한 꾸중과 회초리를 들었음직한 어머니의 훈육방침이었다. 팔십 평생 손수 옷을 꿰매고 밥을 짓고 일생 동안 다른 사람의 손으로 당신의 일을 시켜보지 않으신 어머니셨다.

이러한 어머니의 지대한 정성과 은덕으로 일제 강점기의 암울한 시기에 빼앗긴 나라의 독립과 통일, 민족 국가 건설을 위해 끊임없이 투쟁하였으며 애국 계몽운동을 전개했던 독립 운동가이셨다. 지금도 인천 대공원에 가면 백범과 그 어머니의 동상이 세워져 있다.

백범 김구 선생님은 평소에 많은 어록을 남기셨다.

"인류가 불행해지는 근본 이유는 인의가 부족하고 자비가 부족하며 사랑이 부족한 까닭이다."

"돈에 맞춰 일하면 직업이고 돈을 넘어 일하면 소명이다. 직업으로 일하면 월급을 받고 소명으로 일하면 선물을 받는다."

"집은 좁아도 같이 살 수 있지만 사람 속이 좁으면 같이 못 산다."

"지옥을 만드는 방법은 간단하다. 가까이 있는 사람을 미워하면 된다. 천국을 만드는 방법도 간단하다. 가까이 있는 사람을 사랑하면 된다."

"결국 모든 것이 나로부터 시작되는 것이다. 나를 다스려야 뜻을 이룬다. 모든 것은 내 자신에 달려 있다."

1919년 상해로 망명하기 전까지 국내에서 동학농민운동과 애국계몽운동에 참여했다. 임시정부의 초대 경무국장을 거쳐 국무위원과 주석을 지냈다.

그 후 여러 갈래로 갈라진 민족독립운동 진영을 통합하고자 한국광복전선을 결성하고 좌우 합작의 이념적 통합을 이루었다. 해방 이후 신탁통치에 반대하여 반탁운동을 맹렬히 전개했고 "동족상잔의 유혈과 국토 양단의 위기를 방지하고 자주민주의 원칙하에 조국의 완전 독립을 쟁취하려는 나의 주장과 태도는 변함이 없다."라고 소신을 밝혔다.

언제나 민족과 자유를 중시하였으며 인류에게 부족한 것은 무력도 경제력도 아니고 현재의 자연과학만 가지고도 편안하게 넉넉하게 살아갈 수가 있다고 피력하였다.

완전 자주독립 노선을 주장하시다가 1949년 6월 26일 초여름, 서대문의 경교장에서 육군 현역장교 안두희가 쏜 총탄을 맞고 서거 하셨다.

나는 서대문의 경교장(현 강북 고려병원)으로 여러 번 답사를 간 적이 있었다. 김구 선생님을 비롯한 임정 요인들의 사진과 친필도 보았고 저격당하셨던 이층 방의 총알이 스쳐간 뚫어진 유리창을 본 순간 당시의 절박했던 상황이 떠올라 마음이 숙연해졌다.

옛날의 훌륭하신 선열들은 다 가고 없지만 역사는 흐르는 강물처럼 오늘도 말없이 흘러가고 있을 뿐이다. 세계지도에서 우리 대한민국을 찾아보면 그렇게 작을 수가 없다. 토끼형상의 작은 나라인데 그것도 반 토막의 남한 땅이지만 금수강산인 우리나라의 국민으로 태어나고 살아가는 것에 무한한 자긍심을 가진다.

"네 소원이 무엇이냐"
내 소원은 대한 독립입니다 -
"그 다음 소원은 무엇이냐"
우리나라의 독립입니다 -
"또 그 다음 소원은 무엇이냐"
우리나라 대한의 완전한 자주 독립입니다 -

일제 강점기 피를 토하는 울부짖음이
채 사라지기도 전
동족상잔의 혼란한 시기, 경교장에서
총탄에 맞고 돌연 비명에 가신 백범 김구 선생님

신탁통치 반대의 깃발이 파도처럼 펄럭이던
부산 대신동 공설운동장 본부석
나라를 잃었는지? 나라를 찾았는지?
아무것도 모르고 환영 꽃다발을 바친
부산 보명 유치원의 눈이 큰 화동은
어느덧 고희의 비탈길에 서서 묻는다

"네 소원이 무엇이냐."

- 졸시(拙詩) 「네 소원이 무엇이냐」에서

러시아 기행

- 아름다운 물의 도시 레닌그라드에서

7월 29일 수요일

카자흐스탄공화국의 수도인 알마아타(사과의 아버지란 뜻)를 떠나온 지 7시간 만에 레닌그라드 상공에 다다랐다. 점차 고도가 낮춰지며 레닌그라드 시가지가 시야에 들어오기 시작했다. 알마아타에서 출발하여 계속 태양을 향해, 태양을 돌면서 날아온 것 같았다.

그 넓은 시베리아 북단을 날아가는 기내에서 창을 통해 보이는 구름의 조화를 마음껏 만끽할 수 있었다. 구름의 모양새가 어쩌면 저렇듯 형형색색일까. 천상의 구름 모습은 갖가지 형상으로 빚어져 그 몇 시간을 온통 구름의 퍼레이드를 보고 온 것 같다. 순백색의 각양각색의 모습이 시베리아 넓은 천지를 온통 덮어버린 듯이 가도 가도 끝 간 데 없이 펼쳐진 아름다운 장관이었다. 때로는 수심 깊은 바다 속 같기도 하고 때로는 잔잔히 물결쳐 밀려오는 파도 같기도 하여 그 조화를 혼자 보기엔 너무나 아까웠다.

드디어 레닌그라드 상공에 가까이 내려오니 그 밝은 태양은 어디가고 먹장구름이 잔뜩 하늘을 덮고 있었다. 트랩을 내리는 순간 빗방울이 뿌려지며 초겨울 같은 바람에 우리 일행은 목을 움츠려 옷깃을 여몄다. 황금찬 선생님께서 너무 추워하시기에 알마아타에서 산 양털 숄을 잠시 어깨에 두르시게 하였다. 공항에 내리자 레닌그라드의 공항 시계탑은 22시 22분을 가리키고 있었다. 우리나라 현지 시각은 새벽 4시 22분이라고 한다.

이곳은 서서히 일몰이 시작되는 모양이다. 먹구름 속에서도 저쪽 지평선 끝에 빨갛게 노을이 지고 있었다. 저녁 11시경인데 아직 희끄무레한 밝음이 남아 있으니 백야가 아직도 남아있는 모양이다.

올해는 지난 6월 22일 백야가 최절정이었단다. 보통 6월 22일에서 한 달간 백야 현상이 오는데 밤 12시에도 밖에서 신문을 볼 수 있을 만큼 밝다고 한다. 이곳의 봄은 비교적 짧고 5, 6, 7월은 더우며 8월부터는 선선해져 간다. 지금 기온은 16도. 꽤 쌀쌀한 날씨였다.

우리 일행을 태운 버스가 어두워가는 레닌그라드 시내로 빠져들어 갔다. 거리에는 아파트가 즐비하고 늦은 밤이라 그런지 길에는 사람이 보이지 않았다. 레닌그라드의 첫인상은 어둡고 인적 없는 거리의 모습뿐이었다. 소련 제2의 대도시 레닌그라드는, 표트르 대제가 네바 강 하류 습지대에 이 도시를 건설한 것이 1703년의 일이니까 아직 300년도 안된 젊은 도시이다. 거리의 분위기는 100년이나 200년 전의 모습을 그대로 지키고 있다. 모스크바보다 더 젊으면서도 모스크바보다 더한 역사와 관록을 유지하고 있는 이 도시는 제정 러시아의 수도로서 러시아 혁명의 발상지였다.

도시 이름도 페테르스 부르크, 페트로그라드, 레닌그라드로 바뀌었지만 이 도시가 지닌 독특한 매력과 분위기는 그대로 간직하고 있다. 레닌그라드는 핀란드 만(灣)으로 흘러들어가는 네바 강 델타에 발달하였으며 종횡으로 파놓은 운하 사이에 떠있는 물의 도시이다. 레닌 동상을 철거하고 성 피터스브르그라 고쳐 불렀지만 그 명칭으로 부르는 사람이 없어 다시 옛 이름 그대로 환원했다고 한다.

레닌그라드는 500만 명의 인구와 800만㎢의 면적을 가지고 있는 거대 도시이다.

네바 강의 분류(分流), 지류, 운하까지 포함하면 65개의 강이 흐른다. 섬의 수는 100개 이상이며 365개의 다리에 의해 연결되어 있어 레닌그라드를 북쪽의 베니스라고도 한다.

우리 일행은 프리 발티스카야 호텔에서 여장을 풀었다. 이 호텔은 1,200객실의 최고 최대 호텔로서 모스크바 올림픽을 계기로 세워진 바실리예프스키 섬 끝에 위치하고 있는 17층 건물이다.

7월 30일 목요일

이튿날, 호텔 1134호실에서 눈을 뜨니 새벽 6시였다. 룸메이트이신 전덕기 선생님께서 깨실까봐 가만히 침대에서 일어나 커튼을 젖혀보았다. 바로 창 아래에 검푸른 바닷물이 넘실넘실 물결치고 어제 내린 비 탓인지 제법 출렁이고 있었다. 아, 핀란드만의 바닷물인가. 저 검푸른 물결 때문인가. 레닌그라드의 아침은 박하 내음 같이 향기롭고 상쾌했다. 네바 강이 핀란드만으로 흐르고 핀란드만은 발틱 해로 흐른다고 한다. 호텔도 여느 호텔보다 깨끗하고 숙소다운 숙소에서 편한 하룻밤을 잔 것 같았다.

간밤 공항에서 들어오며 보던 레닌그라드와 밝은 햇살을 받고 있는 레닌그라드는 판이하게 달랐다. 올해처럼 비가 적게 온 것도 드물다는 우리 교포 안내인의 설명도 있었지만 거리거리마다 무척 아름다웠다. 즐비하게 서 있는 건물들은 모두 낡았지만 옛 모습 그대로라서 역사적 흐름을 느낄 수 있어 좋았다. 불타거나 낡았어도 경제적 어려움 때문에 그대로 방치해둔 곳도 많았다.

도시 가운데로 큰 네바, 작은 네바 강이 흐르고 페트로 파블로프스크 요새를 강 건너 보았다. 스웨덴 침공을 막기 위하여 1703년 표트르 대제가 요새를 건설하였다. 그때까지는 그 일대가 습지대여서 사람도 별로 살지 않았다 한다. 이 날이 페테르 브르그(레닌그라드)의 탄생일이다. 급히 서둘러 가을에 요새가 구축되고 122m의 탑과 대포까지 설치하였으나 화강암 성벽은 1780년에야 완성되었다. 17파블로프스크라는 이름이 생겨났다고 한다. 네바 강의 강폭이 가장 넓은 하구의 삼각주 지대에 있는 자야치 오스트로프(토끼섬)에 축조한 요새이며 토끼 섬은 에르미타주 미술관 북쪽 네바 강 건너로 바라보인다. 이 요새는 끝내 한 번도 전쟁에 사용되지 못했고, 성문은 뒤쪽에 있는데 죄수들이 한번 실려 나가면 다시 살아오지 못했다고 한다.

우리가 탄 버스는 궁전 광장에 닿았다. 노동자 광장 동쪽으로 펼쳐지는 커다란 광장. 광장 북쪽은 동궁(冬宮)과 에르미타주 국립미술관이고 광장 중앙에 알렉산드르이 원기둥이 서 있다. 높이 47.5m, 지름이 4m나 되는 이 원기둥은 1812년의 나폴레옹 전쟁

승리를 기념하기 위하여 세운 것으로 1834년에 완성하였다.

이 광장은 1905년 1월 9일 차르(러시아 황제)의 군대가 노동자 수천 명을 학살한 '피의 일요일' 무대이기도 하다.

1917년 10월 혁명 때는 레닌의 볼세비키 당 무장 노동자가 동궁에 쳐들어가 케렌스키 임시 내각 각료를 체포하고 동궁을 점령하였다. 그것이 새벽 2시 10분이었다고 한다.

궁전 광장을 오른쪽으로 돌아 나오니 에르미타주 국립미술관이 있었다. 미술관 앞에는 네바 강물이 바람결을 따라 출렁이고 있었다. 에르미타주는 런던의 대영박물관, 파리의 루브르박물관과 함께 세계 최대 최고를 다투는 미술관이다. 소련에서 모스크바의 트레차코프 미술관과 비견되는 이 미술관은 서구 각국의 미술품 컬렉션으로서는 어느 미술관도 따라올 수 없다.

내부 계단을 오르면서 대리석 계단과 나무로 만든 금장식 인테리어, 호화로운 샹들리에와 아름다운 두리기둥 천장 등으로 치장되어 있었다. 이 안에는 총 270만여 점이 소장되어 있으며 관내에는 1,000여 개의 방과 200개의 계단이 있고 미술관 자체가 하나의 도시처럼 되어 있다. 이 미술관은 표트르 대제의 딸 엘리자베타 파블로브나 여제의 수집품으로 시작되었으며 예카테리나 2세가 유럽 각지의 명화 4천여 점을 사들이면서 동궁 안에 에르미타주라는 미술관을 설치하였다. 우리 일행은 1, 2, 3층의 관람장 중에서 시간이 없어 2층만 돌아보았다. 이곳 그림을 다 보자면 5년이란 세월이 걸린다고 한다.

표트르 대제가 죽은 다음 만들어졌다는 방에 들어가니 고급품의

식기류가 가득하고 초상화의 방으로 연결되었다. 360개의 초상화가 10년간에 걸쳐 그려져 있었는데 그간 13명의 화가가 숨졌다고 한다. 표트르 대제는 33년간 집권하였고 1725년에 사망했다.

2층에는 이탈리아 미술 작품으로 레오나르도 다빈치의 2대 걸작 '리타의 성모', '꽃을 가진 성모', '어린이를 안은 성모' 등 12개 성모상 중 2개가 이곳에 있다. 라파엘로의 '성모상', '성가족' 외에 티치아노, 미켈란젤로 등의 작품이 있었고 엘 그레코의 '베드로와 바울로', 벨라스케스의 '점심', 고야의 '안토니아 사라테의 초상' 등의 스페인 미술품과 네델란드 미술품으로는 루벤스의 '페르세우스와 안드로메다', '무지개가 걸린 풍경', '시몬 집안의 잔치' 특히 '십자가에서 내리는 예수님'이라는 작품 앞에서는 너무나 감동적이어서 나의 발이 그대로 얼어 붙어버리는 듯했다. 십자가에 못 박힌 예수님을 내리시는 다섯 분. 맨 위쪽에 할아버지와 남자 두 분이 부축하고 아래쪽에 막달라 마리아가 손을 잡고 내리는 그 모습. 여인네의 뺨 위로 방울져 내리는 눈물까지도 선명하였다.

나는 나도 모르게 눈물이 흘러내렸다. 그 순간 가슴이 멈춰 버릴 듯한 진한 충격을 안았다. 성화를 많이 보아왔지만 이번 레닌그라드의 에르미타주미술관에서의 루벤스 그림은 지금까지도 나의 뇌리에 각인된 듯 또렷하다. 참으로 잊을 수 없는 그림이었다. 그리고 프랑스 조각가 파르콘의 '겨울'이란 작품을 보았다. 고운 여인네가 치마폭으로 꽃을 가리고 물이 얼어 깨진 그릇이 옆에 있는 조각이었다. 이외에 모네와 피사로, 밀레, 코로, 르노와르 그리고 세잔, 고흐, 고갱, 드가, 쿠르베, 마티스, 피카소의 작품도 있었지만 아깝게도 시간에 쫓겨 보지를 못했다. 언젠가 다시 찾아올 날이 있을는지. 아쉬운 마음을 뒤로하고 수입 양탄자 벽걸이가 가득 걸린 복도를 지나자 표트르 대제의 데드마스크와 흉상도 있었다. 호화와 사치로 치장된 그 시대의 모습을 보는 것 같아 마음 한구석이 석연치가 않았다. 진초록색 마라카이드 대형 꽃병이 진열되어 있고 10월 혁명 때 케렌스키의 각료들이 체포된 공작석의 홀에는 그 당시의 시계가 그들이 체포된 시각에 멈춰진 채 그대로 보존되어 있었다.

푸시킨 식당에서 점심을 마친 뒤 푸시킨 동상이 있는 공원에 내렸다. 수리를 하느라 그런지 받침대를 얼기설기 엮어 세워두었다. 그 옛날 여학교 때 즐겨 암송하던 푸시킨의 시가 다시 읊조려졌다.

“생활이 그대를 속일지라도 슬퍼하거나 노여워하지 말라! 슬픔일랑 참고 견디면/ 머지않아 기쁨이 돌아오려니/ 마음은 언제나 미래에 사는 것/ 현재는 항상 슬픈 것/ 괴로운 것은 일순간에 지나고/ 그리고 지난 것은 그리운 것이다.”

푸시킨은 모스크바의 귀족 가문에서 태어나 일찍이 문재를 나타내어 16세 때 불어로 극작을 썼고 상류사회에서 방탕 생활에 탐닉, 그 이래 러시아 사회에 비판의 눈을 돌려 정부를 야유하여 추방되기도 했었다. 1817년부터 1820년까지 성 피터스브르그 외무성의 하급 관리가 된 후 당시 진보적인 정치사상에 심취했던 청년 집단과 관계를 맺게 되었다. 전제 정치에 저항하는 정치적 풍자시들을 쓰기 시작하여 남부 러시아로 추방되기도 했지만 러시아 리얼리즘 문학의 기초를 열고 운문시를 통하여 러시아 문학에 커다란 공헌을 한 시인이었다.

특히 흘러가버린 옛 애정에 대한 회오와 향수를 즐겨 그의 시제로 삼았다. 31세 때 아름다웠지만 경박했던 나탈리아와 결혼했으나 1837년 경제적 곤란과 아내의 경박성, 자신의 본연적인 자존심이 초래한 Geoges d'Anthes와의 결투에서 부상당하여 2일 후에 사망했다.

우리는 푸시킨 기념관에 입장, 덧신을 신고 서재와 거실, 푸시킨의 임종 사진도 보고 진열된 데드마스크도 보았다.

다시 네프스키 대로(제일 아름다운 거리라는 뜻)를 버스로 지나갔다. 이 대로를 지나가니 백화점 진열장 앞에는 청바지를 든 사람, 운동화 한 짝 들고 서 있는 사람, 스웨터, 술병 무엇이든지 들고 나와 팔고 있었다. 간밤 레닌그라드에 내렸던 분위기와는 전혀 다른 몹시 붐비는 거리였다. 모스크바의 아르바트 거리보다는 더 자유롭고 조용했다.

발레 학교 앞도 지나가고 러시아 특유의 고전적이고 낡은 거리 모습을 보았다. 이 네프스키 거리는 레닌그라드 중심부를 북서쪽에서 남동쪽으로 꿰뚫고 있는 우아하고 세련된 거리이다. 서쪽의 데카브리스트 광장에서 동쪽의 알렉산드르 네프스키 광장까지 4.5㎞나 된다. 오늘날에도 레닌그라드의 아가씨들은 제정 러시아와 마찬가지로 하루에 한 번씩은 이 거리를 걸어 다니는 습관을 지키고 있다고 한다. 또 고골리의 「네프스키 거리」, 톨스토이의 「안나 카레니나」, 도스토예프스키의 「죄와 벌」에도 등장하는 거리로 널리 알려져 있다. 말을 진정시키는 조각품이 다리 양쪽 네 군데나 있는 가장 아름다운 다리 위를 지나서 다시 우리는 도스토예프스키 기념관으로 갔다. 도로보다 낮게 열린 입구를 통해 갔다. 턱수염을 기른 도스토예프스키가 정장 차림으로 의자에 앉아 있는 사진이 진열되어 있다. 도스토예프스키는 러시아의 문호로서 페트로그라드의 공병학교를 나와 육군 중위가 되었으나 이내 문학으로 전향하여 1846년 처녀작 「가난한 사람들」로 일약 사회의 인정을 받았다.

그 후 사회주의적 결사(結社)에 관련하여 사형선고를 받았으나 총살 직전에 감형되어 시베리아로 유배되어 성경을 읽고 전향하여 1859년에 돌아와 잡지 『시대』와 『세기』를 간행하여 문단에 확고한 터전을 닦았다. 「죄와 벌」, 「백치」, 「카라마조프의 형제들」 등 대작을 발표했다.

그의 작품의 바탕이 되는 것은 인간애와 신에 대한 반항 및 파멸이며 심각한 심리 해부와 병적 심리의 서술은 세계 문학 사상 비길 데가 없다고 한다. 1821년에 태어나 1881년 1월 28일 수요일 밤 8시 35분에 서거했다. 16살 때 어머니를 잃고 처음으로 인생의 슬픔을 처절하게 느끼게 되었다 한다. 18세 때 아버지가 농노들에게 피살되었고 38세에 마리야 이사예바와 결혼했으나 43세 때 아내를 잃었다. 그 해 또다시 형을 잃고 빚에 쪼들려 「죄와 벌」을 쓰기 시작, 그 소설이 불후의 명작이 되었다. 그 당시 시인 푸시킨이 결투로 죽은 사실이 그를 더욱 슬픔에 빠뜨리게 했다.

기념관 내부 사진을 못 찍게 해서 포기했다가 10루블 주고 사진을 찍었다. 거실과 돌아간 날짜와 멈춘 시간을 가리키는 시계 있는 방 그리고 식당과 그가 썼던 책상과 서랍장도 찍었다. 모스크바의 톨스토이 생가보다는 화려하지 않지만 그런대로 대문호의 기념관은 조촐했다. 백여 년 전인데 후손들이 어쩌면 저렇게 잘 간수 하며 보존해 왔을까.

다시 우리는 자유 시장 거리인 네프스키 대로를 지나서 프리발티스카야 호텔로 돌아왔다. 일찍 저녁 식사를 마치고 프런트에서 전화카드를 20불에 구입하여 한국 서울에 전화를 내었다. 쉽게 딸아이와 통화가 되었다. 집 떠나온 지 며칠 안 되지만 어느새 그리워지는 가족 생각은 어쩔 수가 없었다. 주부가 집을 비우고 먼 길을 떠남은 여간 어려운 게 아니었다. 더욱이 옛 철의 장막이었던 러시아행이야말로 처음엔 생각조차 못 하다가 뜻 아니게 떠나오게 된 것이다. 출발부터 사실 누를 수 없는 흥분이 온몸을 감쌌다는 게 솔직한 심경이었다. 문학작품과 차이코프스키와 라흐마니노프의 음악을 들으며 막연하게나마 러시아의 예술에 탐닉했다고나 할까.

이념과 체제가 다르기 때문에 우리가 감히 쉬이 접근할 수 없고 긴 장화, 발굽 소리가 우렁찬 무서운 곳이라는 관념만 짙었다. 고르바초프 등장 이후의 페레스트로이카 정책은 정치, 문화, 예술가들에게도 큰 영향을 미쳤다. 개방 정책으로 문화의 교류도 활발해지고 여행의 자유화도 점차로 이루어지게 된 것이다. 그런 덕택에 이곳까지 올 수 있었다니 정말 꿈만 같다.

저녁시간 호텔 뒤 핀란드 만의 바닷가에서 김시철, 송원희, 황명, 강민 선생님과 그리고 전덕기, 유재용, 조순애, 김문수, 호영송 선생님들과 레닌그라드의 백야를 오랫동안 지켜보았다.

우리는 택시 두 대에 편승 낮에 보았던 네프스키 거리를 찾아 나섰다. 김시철 선생님의 조언을 들으며 유화 한 점과 판화 한 점씩을 골랐다. 길거리 벽면에는 온통 그림뿐이었다. 물감 값도 안 될 정도의 싼 값에 팔고 있었다. 그 네프스키 대로에서 우리나라 서울에서 온 여인을 만났다 혼자 러시아 땅에 여행 왔노라고 한다. 엄두도 못 낼 일을 사십대 초반의 우리 여인네가 두려움 없이 잘 해내고 있었다.

7월 31일 금요일

레닌그라드의 아침은 또 밝아왔다. 눈을 뜨니 핀란드만의 파도는 숨죽이며 졸고 있었다. 창 밖에서 늦잠 자는 나를 소리쳐 부르다 그만 지쳤나보다.

오늘은 표트르 대제의 말 탄 동상을 차 속에서 바라보며 지나갔다. 동상의 절반 이상의 무게가 공중에 떠있는 모습이었다. 바실리예프스키 섬의 곶에서 잠시 하차, 기념촬영을 했다.

우리는 이삭 사원엘 들어갔다. 데카브리스트 광장 앞 '청동의 기사 상' 남쪽에 높이 100m되는 황금빛 돔이 솟아있는 세계 최대의 사원의 하나이다. 프랑스의 건축가 몽페랑이 설계하였으며 40년의 기간과 50만 명의 노동자를 동원하여 1858년에 완성했다고 한다.

청동 출입문으로 들어서자 다채로운 대리석의 벽, 공작석, 유리 등으로 장식된 화강암 열주에 압도당했다. 30만t 무게로 내부 길이 111.2m, 폭 97.6m에 1만 4천명을 수용할 수 있으며, 22명의 미술가가 성화 150여 점을 그려 놓았다. 모자이크화도 62점이나 되며, 기둥이 112개인데 기둥 1개 세우는데 128명이 동원 45분 동안 세웠다고 한다. 이곳은 습지대이므로 4년간 기초하여 일꾼들을 모집했으나 일하기 힘들어 도망가면 또 잡아와 일을 시켰다고 한다. 니콜라이 2세가 이 성당에서 미사를 드렸고 예브스키 성단과 중앙 본단, 성 에까쩨리나 성단 등 3개로 되어 있다.

옛날엔 베테르부르그가 늘 흐려 있어 중앙 문이 열리면 예수님 승천하듯이 보였다고 한다. 샹들리에는 몽페랑 건축가가 설계했고 모자이크 성화는 영원히 보존하기 위해서였다 한다. 내부를 다보고 돌아 나오면 몽페랑 건축가 흉상이 있고, 이삭 성당 설계가 대리석으로 만들어져 있다. 러시아에 1816년에 들어와서 1818년부터 설계를 하기 시작했다. 유명한 건축가가 많았지만 이 몽페랑이 선택되었다. 40년 동안 이 성당이 건축되었는데 헌당식 며칠 전 이 건축가가 세상을 떴다고 한다. 건축 기간 동안 대리석 공사 먼지를 마시고, 48명의 화가들이 목숨을 잃었는데, 금과 수은을 합금해서 동판에 놓고 밑에서 가열하면 수은이 증발하기 때문이란다. 나무로 만든 166배 축소모형이 10년에 걸쳐 만들어졌단다. 대문은 참나무에 동을 붙여 만들었는데 무게가 10t인 3개의 문으로 되어있다. 이 성당은 1926년까지 미사 드리다가 금지되었고 페레스트로이카 이전에 성당을 폭파시키자고 한 것을 인텔리들에 의해 구제할 수 있었다.

성모상 앞에서 기도를 드리고 나오니 일행이 보이지 않아 내심 허둥대며 찾았다. 저만치 유재용 선생님의 모습이 보여 얼른 따라

나섰다.

우리가 묵었던 프리발지스까야 호텔에 가서 점심을 들고 2시경 로비에 집합 다시 버스를 탔다. 어제 갔던 네프스키 대로를 다시 지나갔다. 구 해군성에서 알렉산드르 네프스키 수도원까지 4.5㎞에 걸쳐 뻗어있는 거리가 네프스키 대로로 레닌그라드의 중심가이다.

작가 고골리는 '네프스키 대로보다 훌륭한 곳은 없다'라고 절찬했으며 「네프스키 대로」라는 작품을 썼다. 톨스토이나 도스트예프스키의 작품에도 등장하는 곳으로, 레닌그라드의 번화가로서 19세기 중엽의 모습이 그대로 남아 있다. 흰 기둥이 4개 있는 건물은 푸시킨이 생전에 자주 들렀던 카페라고 한다.

네프스키 대로 쪽으로 넓혀진 반원형의 회랑에는 94개의 코린트식 기둥이 늘어서 있는데 보로니힌이 1801년부터 10년간에 걸쳐 지은 아름다운 카잔 성당이 보였다.

성당이 완성된 후 러시아는 나폴레옹 전쟁에서 승리했다. 에카테리나 2세 여왕의 애인 동상도 있었다. 이 여왕은 무력으로 여제의 자리를 차지한 독일 출신이었는데 표트르 대제의 후계자라는 사실을 과시하기 위하여 1782년에 프랑스 조각가 파르콘에게 '청동의 기사'라는 표트르 대제의 동상을 만들도록 했다. 이 청동의 기사 동상은 러시아 최초의 기념 동상으로 푸시킨의 서정시 「청동의 기사」에서 그 이름이 유래한다.

다시 거리를 지나가면서 보이는 1848년 설계한 왼쪽 붉은 벽 건물은, 공작의 건물로서 로마노프 왕족들이 살았었다. 쿠테타가 일어난 후 공산당원들은 모두 쫓겨났었다.

계속 네프스키 대로를 지나며 이름 모르는 카페들을 많이 보았다. 짐차에서 수박을 내리는 젊은이의 모습도 보이고 군복 입은 군인의 모습도 보인다. 어딜 가나 3~5층짜리 건물들이 줄지어 서 있고 시민들은 무엇이 들었는지 헝겊보자기 가방을 들고 다닌다.

레닌그라드는 참으로 아름다운 도시이다. 3개의 운하와 교차하는 네프스키 대로를 위시하여 제3의 운하인 폰탄카, 폰탄카 운하에 걸려 있는 아니치코프 다리와 짙푸른 강물과 무성한 숲이여….

한때는 자유가 꿀처럼 달고 그리웠던 곳. 모스크바에서 느낄 수 없던 무한한 가능성이 가슴 속을 꿈틀대며 흔들어 주고 있는 걸 느꼈다.

모스크바 역이 저 건너 보인다. 오늘 밤 우리 일행은 저 모스크바 역에서 기차를 타고 다시 모스크바로 간단다. 이곳은 행선지의 이름을 따서 역 이름을 정한다고 한다. 레닌그라드의 모스크바 역은 「안나 카레니나」 영화에서 비비안 리가 독신 장교 우로스키와의 열애 끝에 마지막 철도 자살을 감행했던 장면을 찍은 곳이기도 하다.

알렉산드르 네프스키 대수도원이 정면에 보인다. 현재 사용되지 않고 있지만 정원을 산책해 보면 매우 커다란 수도원이었음을 알 수 있다. 내부에는 지금도 활동 중인 트로이츠키 교회가 있다. 수도원은 표트르 대제의 명에 의해 건설되었는데 이곳은 1240년 노브고로트 대공 알렉산드르 야로슬라비치가 네바 강의 전투에서 스웨덴과 교전했던 장소였다.

표트르 대제는 페테르스부르크를 건설함과 동시에 수도원을 지어서 신의 가호와 성인이 된 알렉산드르 네프스티의 기도를 구했던 곳이다. 수도원 주변에는 18, 19세기의 묘지가 있는데 아치문 입구의 왼쪽에 있는 것은 라자로프 묘이다.

이곳에는 페테르스부르크에 많은 건축물을 남긴 건축가 보로닌, 지하로프, 고즈로프스키, 로시의 묘가 있다. 입구 오른쪽의 티흐빈 묘지에는 도스트예프스키, 차이코프스키 등의 무덤이 있다.

도스토예프스키의 무덤 앞에서 기념사진을 찍고 건너편으로 들어가니 기도하는 석고상이 눈길을 끌었다. 무덤의 영혼들을 위해 간절히 기도하는 모습을 보니 숙연해지는 마음을 어쩔 수가 없었다. 검은색 대리석과 빌고 있는 모습의 석고상. 푸시킨 부인 나탈리아의 무덤 앞에서 하늘을 한번 올려다보았다. 흐린 레닌그라드의 하늘과 회색빛 묘지에서의 분위기는 왠지 음울한 마음이 일었다.

묘지 입구에서 호영송 선생님의 소개로 레닌그라드 책자를 구입했다. 다시 걸음을 재촉하여 버스에 올라 표트르 대제가 부하 졸병에게 선사한 예쁜 건물도 보았고 K.G.B.의 건물 우두머리 동상도 보았다.

갑자기 비가 뿌린다. 레닌그라드에. 말없이 누운 강물 위에도, K.G.B.건물, 여자 감옥 지붕에도, 핀란드행 역의 시계탑에도 비가 뿌리고 있다. 이윽고 번개가 빛을 발하고 먼데 천둥소리마저 들렸다. 비에 젖은 네바 강이 소스라쳐 놀라는 듯 꿈틀거렸다. 아름다운 울타리 여름 정원의 울창한 숲에 비는 내리고 알렉산드르 예프스키, 푸시킨이 옛날처럼 비를 맞고 거니는 모습이 눈에 보이는 듯했다. 러시아의 시인 마야꼬프스키, 예세닌, 빠스쩨르나끄, 아흐마또바의 그림자도.

곱슬머리 예세닌은 자작나무 숲에서 시심을 키워 갔고 그가 30세의 나이로 스스로 목숨을 끊었을 때 톨스토이는 '가장 위대한 시인이 죽었다. 그의 시는 마치 그의 마음의 보물을 두 줌 뿌린 것과 같다'라고 슬퍼했다고 한다. 부드럽고 섬세하게 생긴 젊은 예세닌의 영혼이 레닌그라드의 구천을 아직도 떠돌아다니고 있지나 않을는지. 순간 쓸쓸한 바람이 내 가슴을 훑고 지나는 것 같았다.

우리는 큰 네바, 작은 네바 강을 연결하는 다리 위를 지나갔다. 도스토예프스키의 「죄와 벌」에서 라스꼴리니꼬프가 7살 어린 시절로 되돌아간 악몽을 꾸고 놀라 깨어난 다리에서 네바 강을 내려다보며, 붉게 타는 저녁놀을 바라보는 장면이 문득 생각났다. 러시아의 어디를 가거나 기억 속에 뿌려졌던 추억의 그림자들로 그득해져 온다. 비록 책과 영화 속의 만남들이었지만.

저 건너 닻을 내리고 있는 회색의 배를 보았다. 러시아 혁명(1917년 10월 혁명)의 시작을 알리기 위해 겨울 궁전을 향하여 발포한 순양함이다. 현재는 혁명을 기념하는 해군 중앙 박물관의 분관이 되어 있다. 모자를 들고 당당하게 서 있는 막심 고리끼의 동상을 차 속에서 바라보고 강물 위를 건너갔다. 강물은 맑지는 않았지만 그래도 고기는 살고 있다한다.

또 지하철 역사가 보이고 커다란 오이가 진열된 저잣거리가 보인다. 많은 사람들로 붐비고 있다. 그리 높지 않은 아파트, 두 쪽 창문에 꽃무늬 커튼이 유리창 너머로 보이고 조그만 발코니의 화단에서 꽃들이 다투어 손짓하는데 철로 길을 우리가 탄 버스가 횡단한다. 그리고 자작나무 숲길을 지나가고 있다. 푸시킨이 결투했다는 장소에서 버스가 멈추고 다시 그 흔적을 밟으려 우리는 하차했다.

이로써 레닌그라드의 여정은 점차 짧아지고 호텔로 돌아와 저녁을 든 후 다시 핀란드만을 찾아 거닐어 보았다. 바닷가의 돌을 손바닥에 올려놓고 검푸른 바다를 보았다. 언제 또 다시 올 수 있을까. 아름다운 이 도시에….

레닌그라드의 현지시간 저녁 아홉시 반. 우리 일행은 숙소를 떠나 밤새 달리는 모스크바행 열차에 몸을 실었다. 도나우 강이 넘실대는 부다페스트를 향하여.

아름다운 물의 도시 레닌그라드에는 우리가 떠나오는 순간까지도 백야의 연속이었다.

일본 전후 문학인의 생애

- 이대동창문인회 30주년 기념 문학기행

4월의 어느 봄날, 이화여자대학 동창문인회에서 해외문학기행을 떠났다.

2박 3일의 짧은 여정이었지만 문학기행이라 설렘과 들뜸의 쌍곡선을 그리며 인천공항을 이륙했다. 마침 해외 미주에서 일부러 함께한 선, 후배님들의 동행이 참으로 뜻 깊었다. 일본의 동경 땅은 내게는 지나간 추억의 조각들이 소리 내어 접혀지는 듯했다. 문학탐방 도중 스물아홉 명을 태운 버스 속에서 일본 유학으로 근대문학을 전공한 불문과 선배이신 김정희 박사(숭실대학 교수)의 명강의가 우리의 여정을 더욱 보람되게 해주었다. 조한숙 회장님과 집행부 임원님들의 노고에 짧은 여정이 무척 아쉽게 느껴졌다. 그리고 한나라관광사 부사장님의 안내와 배려가 우리를 편안한 문학기행이 되게 해주었다. 특히 수필가 최양자님과의 이틀 밤이 잊을 수 없는 추억을 쌓으며 금세 오래 된 친구가 되었다.

나쓰메 소세키(1867~1916) 작가의 옛 집터

근대 일본의 소외된 지식인들이 처한 곤경에 초점을 맞추어 설득력 있는 문장으로 그려낸 최초의 소설가, 평론가이자 영문학자이다. 1905년『호토 토기스』잡지에「나는 고양이로소이다」를 연재, 이 때부터 그는 '나쓰메 긴노스께'라는 본명 대신에 '나쓰메 소세끼'라는 필명을 사용하였다.「나는 고양이로소이다」』는 자기 치유를 위해 쓰여진 작품이었고 고독한 메이지시대(明治) 지식인의 내면을 그린「마음」과「미치구사 道草」를 썼으며 최후의 대작「明暗」집필 중 1916년, 위궤양을 앓다가 49세에 세상을 떠났다. 어린 시절, 두 번이나 양자로 갔던 불운으로 신경쇠약이 그의 평생을 괴롭혔다. 창작연한이 12년에 지나지 않지만 많은 대작을 남겼다. 그는 당시에 일본문단과는 다른 독자적인 행보를 걸으면서 인간의 속물성, 에고이즘을 설득력 있는 문장으로 탁월하게 잘 묘사하기도 했다.

옛 집터 담장 위에 고양이 한 마리가 앉아있는 모형이 우리를 내려다보고 있었다. 묘지와 기념비, 소세키공원 안의 흉상도 보았다. 한 시대를 풍미하던 작가의 발자취를 밟으며 역사는 흘러도 희로애락의 애환은 옛날이나 지금이나 한결 같음을 느꼈다.

저녁에는 신주쿠 도청전망대(202m) 야경을 감상하고 식사시간에 조한숙 회장께서 달콤한 와인으로 동경에서의 첫밤을 즐기게 해주었다.

이시카와 다쿠보쿠(1886~1912) 문학관

자연주의적인 가인(歌人)으로 본명은 '이시카와 하지메로'이며 우리나라의 김소월과 같은 일본의 국민시인이다. 단가의 거장 낭만주의 시인으로 출발했지만 동경에서 낭비벽으로 경제적인 어려움을 많이 겪었다.

1905년에 첫 시집 『동경 아꼬가레』를 발표하고 1910년 그의 대표작인 『한줌의 모래』가 출판되었다. 『슬픈 장난감』이라는 시집을 1912년에 남기고 영양실조로 지병인 폐결핵이 악화하여 병사하였다.

장난삼아 어머니를 업어보고
너무나 가벼워 목이 메어
세 걸음을 못 옮겼네.

- 다쿠보쿠, 「한줌의 모래」 중에서-

3) 아쿠타가와 류노스케(1892~1927)

동경 출생이며 초기의 필명은 야나가와 류노스케였다. 진년(辰年)=용띠 해, 진 월(辰月)=용의 달, 진시(辰時)=용의 날에 태어나 龍之介(류노스케)라고 명명했다 한다. 생후 8개월에 어머니가 정신이상이 생겨 어머니 친정 오빠의 양자로 가게 되었다. 양자로 간 집은 윤택하진 못했으나 문예를 사랑하는 가정이었다. 11세 때 어머니가 사망하여 감수성 예민한 소년으로 성장하여 동경제국대학 영문과에 입학, 졸업하였다. 1916년 동인지에 발표한 「코」가 나쓰메 소세키의 격찬을 받음으로 화려하게 문단에 등단했다. 그리고 「羅生門」, 「갓파」가 대표작이며 인간의 진실을 날카롭게 추궁한 심리묘사가 뛰어났다고 한다. 간토 대지진 조선인 학살 당시 조선인을 학살한 자경단으로 활동하기도 하였다. 그러나 무자비한 학살 첫날 밤 후 그 경험이 너무나도 잔인하고 공포스러워서 자경단을 그만 두었다고 한다. 35세 나이에 다량의 수면제 복용으로 짧은 생을 마감했다.

엔도 슈사쿠(1923~1996)

12세 때 세례를 받고 게이오대학 불문과를 졸업한 후 27세에 프랑스 리옹대학에 유학했으나 결핵으로 귀국, 가톨릭비평가로 창작활동을 시작했다. 친구의 영향으로 릴케 등을 탐독. 사감의 소개로 소설가 호리 다쓰오를 알게 되었고 호리와의 만남은 하나의 전기가 되어 자타가 인정하는 열등생 엔도가 대작가로 탄생하는 토대가 되었다. 73세에 폐렴으로 사망했다고 한다.

가와바타 야스나리(1899~1972)

오래전에 읽었던 『雪國』의 작가가 살았던 집을 멀리서나마 보게 한다는 안내인의 말을 듣고 흔들리는 차창 밖을 주시했다.

가와바타 야스나리 작가는 어려서 고아가 되었으며 15세 때 함께 살던 할아버지마저 돌아가시고 청년 시절에 가까운 친척까지도 모두 잃었다. 그 후 약혼녀에게 파혼을 당해 상처를 받기도 했다.

그런 영향으로 고독한 젊은 시절을 보냈으며 신감각파 작가로 청춘의 감상이나 인생의 비애를 묘사했고 과거, 현실, 미래를 역전시켜 비현실세계에서 특유의 묘미를 발휘하였다. 『설국』으로 노벨문학상(1968)을 수상했으며 젊은 날 동경대 영문과에 입학했으나 국문과로 전과하여 『설국』은 1935년부터 쓰기 시작했는데 결말 부분을 여러 번 고쳐 쓴 끝에 12년이나 지난 뒤에야 완성했다고 한다.

1972년에 끝내 가스자살로 인생을 마감했다. 바다로 향한 집에서 가스관을 입에 물고 세상을 하직할 그 순간, 작가는 무엇을 생각 했을까? 한평생 그 어두운 고독과 허무로 싸우다 스스로 생을 마친 노 작가를 그리며 『설국(雪國)』의 첫 도입부 구절이 생각났다. "국경의 긴 터널을 빠져 나오자 눈의 고장이었다." 나는 허망한 마음으로 유명작가의 옛집을 멀리서나마 눈에 담아 보았다.

다시 동경으로 돌아와 시내에서 저녁을 마친 후 그랜드팔레스호텔 23층 스카이라운지에서 동경의 마지막 밤을 함께했다. 장명숙(불문과) 선배 내외분께서 시원한 맥주와 진귀한 안주를 한 턱 내셨다. 동경의 문학기행 마지막 밤은 소리 없이 아쉬움만 깊어만 갔다.

마지막 날 새벽, 룸메이트와 호텔 근처에 있다는 야스쿠니 신사를 가보기로 했다. 전날 가이드 분의 설명이 기억이 나서 마음은 꺼림직 했지만 그 근처라도 한 번 가보고 싶었다. 광복절이면 우리나라 신문지상에, TV뉴스를 장식하던 그 유명한 곳, 야스쿠니 신사. 지금도 무단 합사되어 있는 2만 1000여명의 강제징용 한국인의 혼령이 구천을 떠돌고 있을 텐데 하는 안타까움이 불같이 일어났다. 그들의 위패는 유족의 뜻과는 아무런 상관없이 일방적으로 야스쿠니에 올려져 A급 전범들의 위패와 함께 제사를 받고 있다. 강제징용 피해자의 위패를 빼라고 후손들이 계속 요구해왔지만 야스쿠니는 거부하고 있다고 한다.

야스쿠니 신사(靖國神社)는 일본 도쿄도 지요다구 황궁 북쪽에 있는 신사로, 주변국 침략을 위해 싸우다 목숨을 잃은 군인들을 신(영령)으로 모시고 제사를 지내는 곳이다. 1869년(메이지 2년), 침략 앞잡이의 넋을 달래기 위해 설립한 도쿄 쇼콘자(東京招魂社)가 그 전신이다. 지금의 이름인 야스쿠니(靖國)는 '나라를 안정케 한다'는 뜻으로 '좌씨 춘추(左氏 春秋)의 오이정국야(吾以靖國也)에서 따왔다고 한다. 1879년 메이지 천황에 의해 현재 이름으로 개명되었다.

우리가 신사를 향해 언덕을 올라가자 여러 동창들이 둘러보고 내려오고 있었다.

우리도 정문 가까이까지 갔다가 돌아서 나오고 말았다. 그 옛날 먼저 가신 선조들의 울음이 계속 되돌아오는 발걸음을 붙잡는 듯했다. 역사는 말없이 흘러가는 강물이 되고 흘러 간 강물은 되살아 올 줄을 모르는 것인가? 옛 사람들의 쓰라린 고통과 아픔을, 나라 잃은 설움을 후손들은 결코 잊어서는 안 되리라고 다짐해 본다.

우리 일행은 다시 미타카로 이동했다.

디자이 오사무(1909~1948)

동경대 불문과 중퇴(수업료 미납으로 제적)를 하고 전후 일본의 혼란스런 세상에서 생의 고뇌와 불안을 작품화한 문단의 대변자였다. 우리는 오사무가 손님 접대하던 선술집 치구사를 방문했다.

이날 해설을 해주신 84세 된 가와가미 씨는 과거 우리나라의 용산중학교를 다녔다고 한다.

오사무는 혼슈의 아오모리 현 굴지의 재벌가에 다섯 명의 누나와 여섯 번째 아들로 태어났다. 11남매를 낳은 병약한 어머니를 보고 여섯 째 아들로써 있어도 그만, 없어도 그만, 술지게미 같은 존재라고 생각했다.

17세 때(1925년) 『도요토미 히데요시의 최후』를 집필하면서 동인지를 발행하고 작가를 지망했다. 아쿠타가와 류노스케의 작품에 심취하며 좌익운동에도 눈을 돌리기 시작, 그는 자신의 계급은 과연 어디에 속하는가를 고민하다 1929년 12월에 카르모틴 자살을 시도하기도 했다.

프랑스어를 전혀 하지 못하면서도 프랑스 문학을 동경해 동경제국대학 문학부 불문학과에 입학, 강의내용을 전혀 이해할 수 없었던 데다 친가에서 부쳐주는 돈으로 마음껏 방탕하고 호사스러운 생활을 했다. 그에 대한 자기혐오, 다자이 자신이 처한 위치와 마르크시즘에 점점 심취해 갔다.

재학 중에 만나 동거하던 술집여급으로 유부녀였던 18세의 다나베 시메코와 1930년 가마쿠라의 고시고에 바다에서 동반 투신자살을 기도했다. 그러나 시메코만 죽고 다자이는 혼자 살아남았다.

이 일로 다자이는 자살방조 혐의로 검사로부터 조사받지만 형 분치(文治) 등의 탄원으로 기소유예 처분을 받게 된다.

아쿠타가와 상을 끝내 받지 못하여 아쿠타가와상 전형위원이었던 가와바타 야스나리와 불편한 관계가 되기도 했다.

가마쿠라에서 자살시도를 했으나 미수에 그치고 수차례 수상에 실패하자 내연녀 '하쓰요'의 간통사건으로 또다시 자살시도, 또 미수에 그쳐 하쓰요와 이별 후 1년간 붓을 꺾기도 했다.

나중 이시하라 미치코와 결혼하여 「후지산백경(富嶽百景)」, 「직소(直訴)」, 「달려라 메로스」 등 뛰어난 단편을 발표. 1947년(쇼와 22년) 몰락 화족을 그린 장편소설 「斜陽」이 평판을 얻어 유행작가가 되었다.

「人間失格」, 「앵두」 마무리 직후 1948년 6월 13일 다마가와(玉川) 죠스이(上水)에서 애인 야마자키 도미에와 동반자살. 이때 나이 39세였다. 시체가 발견된 6월 19일은 그의 생일날과 같았다. 동경도 미타카시 禪林寺(젠린사)에서는 다자이 문학의 팬들이 그의 무덤을 찾는다고 한다. 성경이나 기독교에도 지속적으로 강한 관심을 보여 성경과 관련된 작품이 몇 개 있다. 「직소」 번역자에 따라 「유다의 고백」이라고도 하는데 배반자, 변절자로서 인지되는 가롯 유다의 마음 속 갈등이 그려져 있다.

39세의 생애동안 여러 번 시도한 자살 미수, 끝내는 꽁꽁 묶어 목숨을 끊었지만 여인은 귀신같은 형상을 하고 있었고 오사무는 평온한 얼굴이었단다.

84세의 가와가미씨의 어눌하면서도 진정성 있는 설명에 나는 참으로 숙연한 마음이 들었다.

왠지 이 많은 작가들 중에 유독 기구한 운명을 짧게 살다간 다자이 오사무가 내 뇌리 속에 오랫동안 머무른 건 어인 까닭인가,

지금도 헤아려지지가 않는다.

일본은 우리와는 떼려야 뗄 수 없는 참 가깝고도 먼 나라이다. 고래로부터 호시탐탐 노리는 일본의 야망을 배우고 익혀서인지 뭔지 모르게 가로 막는 그물막이 쳐짐을 어쩔 수가 없다. 참으로 가깝고도 먼 나라가 일본이 아닌가? 오래전 남편을 따라 동경에서 산 적이 있었다. 일본 사람 개개인을 볼 땐 근검절약하고 시간 잘 지키며 참 부지런 하였다. 공중도덕을 잘 지켰으며 타인을 배려하는 생활상을 몇 년 동경생활에서 절실히 느꼈다. 부모의 직업을 대대로 이어 받아 전통을 계승하는 모습이 가끔 한 번씩 찾아가는 우리를 놀라게도 한다. 우리나라와는 대대로 묵혀온 숙적이지만 때로는 배울 점도 많았다.

이번 동창문인회의 일본문학기행은 가까운 일본문학에 대한 호기심을 불러일으키게 하는 값진 보람이라 생각한다.

대학에서 현대시 강의를 하다 보니 한국 현대 여성시인에 대한 자료가 너무 빈약하였다. 석·박사 과정에서 연구의 대상이 되는 시인은 한두 분의 시인으로 한정됨을 보고 새로운 수업 방법으로 직접 현대여성 시인을 찾아가서 대담을 시도하였다.

시인의 초보적인 질문부터 작품의 전문적인 문제까지 접근을 시도하여 앞으로 연구의 자료가 되도록 하였다. 학생들이 대담한 기록을 정리 감수하였다. 한국 여성시인들에게 감사한다.

·조병무 감수(監修)

사람에 대한 애정 속에서 피어난 시인

시인을 만나러 선릉역 근처에 모이다

지난 4월 15일 토요일. 김선진 시인님을 만나기 위해 지하철 2호선 선릉역으로 향했다.

선릉역 근처에 위치한 커피숍에서 만나자고 제안하셨다. 시인님과 약속한 시간은 낮 2시. 12시 전후로 모인 조원들은 선릉역 근처에 있는 칼국수 집으로 들어갔다. 그곳에서 각자 질문할 순서와 내용을 정했다. 사실 우리 조원들은 서로의 얼굴을 모른 채 같은 조가 된 것이어서 처음엔 조금 서먹했다. 조별 과제, 특히 이런 인터뷰를 할 때는 무엇보다도 팀의 친목이 그 분위기를 결정하는 것이어서 우리 조의 서먹한 분위기가 조금 걱정되었지만 미리 만나 밥을 먹으며 서로에 대해 이야기를 한 것이 친목을 다질 수 있는 계기가 되었다.

식사를 마치고 나온 우리는 시인님께 드릴 선물을 고르기 시작했다. 처음에는 화분을 드릴까, 꽃을 드릴까 고민했지만 결국 '뚜레주르'에서 빵을 사기로 마음먹고 견과류로 장식되어있는 롤케이크를 샀다.

시인님을 만나기 위해 카페 안으로 들어섰다. 우리는 두리번거릴 것도 없이 문 바로 앞에 앉아 계시는 시인님을 찾았다. 모두들 긴장하고 있었던 터라 처음 "안녕하세요."라고 인사를 하고 난 후 잠깐 동안 말이 끊겼다. 곧 시인님께서 "배고프시죠? 식사도 제대로 못 했을 텐데 이거 잡수세요."라며 빵을 꺼내셨고, 이 순간 다들 서로의 얼굴을 바라보며 미소를 띠었다. 시인님과 우리가 서로에게 주려고 준비한 선물이 똑같았다는 것에 묘한 기분이 들었다. 그렇게 이심전심으로 통한 시인님과 우리는 앉아서 시계방향으로 돌아가며 자기소개를 했다. 각자 학년과 전공, 이름을 이야기 했고 시인님은 헷갈려 하시는 것 같았지만 줄곧 미소를 띠우시며 고개를 끄덕이셨다.

각자 커피와 과일 주스 등을 주문했고, 시인님께서는 카페 아메리카노를 주문하셨다. 주문을 기다리는 동안에는 인터뷰를 시작하지 않고 최근 근황을 여쭈었고, 시인님께서는 우리가 무슨 공부를 하는지 등을 물으셨다.

– 선생님께서는 여가 시간에 뭐하세요?

역시 주부인지라 집안일을 대충 마무리한 후 평생 끊을 수 없는 커피향을 찻잔 가득히 품고 베란다 밖 멀리 보이는 구룡산 능선을 바라보곤 합니다. 좋아하는 음률에 귀를 씻으며 읽고 싶은 책갈피를 넘기기도 합니다.

– 대학시절 기억에 남는 이야기 좀 해주세요.

저는 5·16 혁명 일어나던 해 국가고시로 대학 시험을 치렀습니다. 이대 국문과 정원 50명이 졸업 땐 43명이었어요. 경기, 이화, 숙명여고에서 입학한 친구들이 많았고 이대의 학칙은 결혼을 하면 더 이상 대학교에 다닐 수 없었습니다. 부산에서 올라온 시골뜨기 신입생은 강당 아래에 있는 이화교 밑으로 지나가는 교외선을 바라보면서 집을 떠나온 향수를 달래곤 했답니다. 입학하던 3月 어느 날 현대시론 수강 시간에 들어오신 양명문(시인) 교수님께서 김선진이가 어느 학생이냐? 물으셨습니다. 梨大학보에 실린 「목숨」이란 시를 읽으시고 과분한 칭찬의 말씀까지 해주셔서 너무 부끄러워 고개를 들지 못했던 기억이 새롭게 떠오릅니다. 외로웠지만 다양한 친구들과의 만남은 졸업 후 지금까지도 매월 셋째 수요일에 이어 오고 있습니다. 그 해 70밀리 대형 영화 벤허를 대한극장 앞에서 줄을 서서 기다리며 보았고 그 당시 우리의 감성을 두드렸던 클리프 리차드 가수도 우리 대학에서 공연을 가졌던 적도 있습니다. 6·25발발 십여 년 만에 판문점 견학을 하기도 했고 지방에서 올라온 친구를 추석날 성북동 집에 초대해 산해진미를 맛보게 해준 윤숙자 친구도 그리워집니다. 오래전 영국에서 두 어린 아들을 두고 눈을 감은 친구지만 내가 사라사테의 지고이넬 바이젠을 좋아한다고 열 몇 번을 들려주고 또 들려주던 절친한 고운 친구였어요. 성북동 김기창 화백 뒷집에 살아서 늘 부러워하기도 했답니다.

– 국문과를 선택한 특별한 계기가 있으신가요? '문학인이 되어야겠다'라고 다짐하게 된 계기 혹은 인상적인 사건이 있으면 들려주세요.

어린 시절부터 잡지를 보거나 글 읽는 것을 좋아했어요. 그 때는 잡지가 지금처럼 흔하지 않았어요. 『새 벗』, 『소년세계』, 『학원』이란 잡지를 즐겨 읽었습니다. 부산여중 2학년 때부터 『해풍』이란 시를 교지에 발표하면서 문예반 활동을 시작한 것 같습니다. 중3때 진주 영남예술제(개천예술제) 백일장에 참가하여 '백지'라는 시제로 차상을 받고 부산역에 당도하니 이철우 교장선생님과 여러 친구, 친지, 가족들이 환영해 주었어요. 학원에도 '무제'가 입상되어 점차 시를 쓰지 않고는 배길 수 없는 묘한 마력에 빠져든 것 같습니다. 그 시절 동래에서 갓 시집 온 올케언니가 임어당의 『생활의 발견』 스땅달의 『적과 흙』 등 많은 책을 가져와서 어렵지만 훔쳐보곤 했답니다. 초등학교 3학년 무렵, 부산 대청동 백화당예식장 앞길에서 달려오는 자전거에 심하게 부딪친 적이 있었습니다. 그 당시엔 어떻게 부딪쳤는지 기억도 안 났지만 집에서 야단

맞을까봐 끙끙 앓았던 적도 있습니다. 그 후유증인지 한동안 고통과 아픔 속에 보낸 어린 날이 내가 글을 좋아하게 된 계기가 아닐는지는 잘 모르겠습니다. 누구든 다 마찬가지겠지만 사람을 좋아하고 늘 그리움에 목말라 펜팔의 안식처에 깊이 잠입하기도 했답니다. 이 세상에 태어나 단 한 번 느낄 수 있는 아름다운 추억이 아닐까요?

– 고향이 부산이시네요?

제가 태어난 곳은 양산이에요.(시인님은 경상남도 양산군 하북면 순지리에서 태어나셨다.) 통도사라는 산사 밑의 마을 신평에서 외할아버지가 한의원을 경영하시는 외가댁에서 태어났어요. 5살 때 부산으로 이주하여 남일초등학교, 부산여중, 부산여고를 졸업하고 62학번으로 대학에 입학하였지요. 그래도 마음의 고향은 항상 양산 신평의 풍광이 차지하고 있습니다. 왜냐하면 외가댁이 있어서 방학이면 수시로 오르내렸기 때문이에요. 참 아름다운 곳이거든요. 산세 늠름한 영축산의 정기와 유명한 사찰 통도사가 자리하고 물풍지 냇가의 큰 반석과 동구 초입에 터널을 이루던 벚나무들, 마을의 수호신 당산나무와 초가집을 지켜주던 돌담너머 호박넝쿨, 여름이면 집집마다 풋감들이 대롱대롱 매달려 까치들이 맨 먼저 점찍어 놓던 감나무들. 언젠가 신평을 찾았더니 신개발 바람 탓으로 옛날 나의 뇌리 속에 박혀있던 그 아름다운 추억의 모습은 깡그리 사라지고 없었어요. 그러나 나는 아직도 유년의 그때 아름다운 진귀한 보석 같던 추억을 가끔 한 번씩 꺼내보곤 한없이 그리워하기도 합니다.

- 문학의 여러 장르 중에서 시를 선택하신 계기가 있으신가요? 소설 같은 다른 장르가 가지고 있지 않은 시의 매력은 뭐라고 생각하세요?

우리는 사람이기 때문에 항상 머리와 가슴으로 무언가를 느끼잖아요. 시는 가슴으로 쓰는 거지, 머리로 쓰는 건 아니라고 생각해요. 감동, 슬픔, 비애를 가슴에 저장해 두었다가 체에 걸러서, 걸러서 그 알맹이만 건져낸다고 생각합니다. 소설은 허구를 구성하여 구체적으로 삶의 애환을 풀어 나간다고 할까요? 물론 에세이 같은 수필도 내 가슴에 용틀임하는 느낌을 표출한다고 봅니다. 시는 특히 가슴으로 느낀 것을 함축하고 응집 시켜서 그 발효품을 드러낸다고 생각합니다.

- 소설이나 수필 등 다른 장르를 써 보고 싶다는 생각은 안 하셨나요?

고등학교 때 부산시청, 시보에서 콩트를 연재한 적이 있습니다. 그런데 내 작품에 이름만 바꾸어 버젓이 실린 것을 어느 잡지에서 보고 마음에 큰 상처를 안게 되었어요. 그땐 등단도 하기 전이라 어떻게 할 수가 없었어요. 그것이 용감한 표절이 아니겠어요? 한 점의 양심의 가책도 없이 내가 애써 지은 글을 버젓이 공표했다는 것에 엄청난 충격을 받았습니다. 지금의 현실에서도 공공연하게 벌어져 가고 있는 행태이지만요. 그리고 소설의 장르는 긴 호흡이라 늘 꿈꾸고 있지만 아직은 두려움이 앞서는 것 같습니다.

– 문학은 세상이나 사람에 대한 애정 어린 관심에서 나오는 거라고 생각해요. 그런 맥락에서 선생님께서 시를 쓰시는 것도 세상이나 사람에 대한 관심에서 나오는 거라고 생각하고요. 선생님께서 가지고 계신 세상 혹은 사람에 대한 미학은 어떤 건지 궁금해요. 다시 말해서, 사람이나 세상이 이럴 때 정말 아름다워 보인다, 아니면 반대로 이럴 때는 정말 추해 보인다는 미학이 있으신지요?

저는 이제껏 물처럼 살아가려고, 그런 소신으로 살아온 것 같습니다. 어느 그릇이든 물을 담으면 다 어울리는 모나지 않는 삶을 이어가며 앞으로도 그렇게 살고 싶습니다. 인간에 대한 그리움 때문에 시를 썼고. 학생 여러분께서도 가정이 있으시겠지만, 저의 제1순위는 부모님, 육친에 대한 애증이에요. 왜냐하면 아버지는 가정에서보다 바깥생활의 비중이 더 컸기 때문에 아버지를 기다리며 가정을 꾸려가는 어머니가 어린 나이에도 너무 안쓰러워 어머니의 착한 딸자식이 되려고 노력한 것 같아요. 아버지는 집에 들어오시면 저의 필통의 연필을 모두 곱게 깎아 가지런히 넣어주시는 다정한 아버지셨는데 어머니와는 무엇이 그렇게 서로가 안 맞으셨는지 이 나이에 와서도 잘 모르겠어요. 사람과 사람간의 끈질긴 인연과 악연은 결코 저절로 주어지는 게 아니라고 봅니다. 삼라만상은 관심이라고 봅니다. 관심의 농도에 따라 인간사의 역사가 달라지고 무관심의 농도에 따라 비참한 결말이 기다린다고 봅니다.

– 시인님께서 믿는 종교가 있으세요?

저는 천주교를 믿습니다. 어머니께서 급작스레 돌아가신 뒤 어머니를 잃은 슬픔은 3년이란 세월에 갇히게 했습니다. 어머니는 항상 나를 지켜주시는 버팀목이셨고 나의 우주셨습니다. 어느 날 갑자기 쓰러지셔서 주사도 한번 못쓰고 바로 돌아가신 어머니, 천 년 만 년 사실 것만 같았던 어머니가 이 세상에 안 계시다고 생각하니 모두가 와르르 무너져 내리는 절벽에 매달린 듯했습니다. "어떻게 하면 당신 마음을 붙들어 잡아줄 수 있을까?" 하며 교회와 성당의 문을 두드려준 남편이 새삼 고마워집니다. 그때 내 나이 서른아홉에 겪는 허망함과 위기, 처절한 배신감이 성모님의 품속에서 한 줄기 빛을 보았다고 할까요? 대학친구 오송자의 우정으로 신심이 지극하신 유희명 대모님을 만나 천주님의 무한대의 넉넉한 품속으로 빠져들게 되었답니다. 주님과 성모님은 외로운 고아, 길 잃은 어린 양을 무조건 품어 안아주셨습니다.

– 시인님의 신앙에 대해서, 혹은 믿음에 관해서 말씀해 주세요.

친정어머니는 불교 신자였는데도 불구하고, 성서를 읽으면 거의 어머니가 하신 말씀이 있는 것 같습니다. 학교를 다닌 적도 없으셨는데 머슴 등에 업혀 한글과 동몽선습 훈민정음을 익히셨다는군요. 저의 어머니를 보면 공부보다는 슬기와 지혜로 가득 차신 분 같아요. 양산의 참봉댁 종갓집 맏며느리로서 묵묵히 당신에게 주어진 길을 아무런 저항 없이 걸어가신 듯합니다. 저는 결혼하여 훌륭한 시부모님을 만나 특히 아버지에 대한 고픈 사랑을 시아버지께 받았으니 이 또한 큰 행복이 아니었던가 생각합니다. 친정에서 26년, 시집에서 50여 년을 살았으니 시댁과의 역사가 배로 불어난 셈이지요. 자신을 위해선 근검절약의 최고봉을 오르신 시부모님이시지만 타인을 위해선 모든 걸 내어주시던 시아버님을 지금도 존경의 마음으로 벽에 걸린 사진을 우러르며 "아버님 제가 참 힘이 듭니다." 때로는 "아버님, 이런 기쁜 일을 주셔서 참 감사합니다." 언제나 고백을 드리곤 합니다.

- 시인님은 사람을 참 좋아하는 분 같아요.

저는 어릴 때부터 사람과의 인연을 참 소중하게 생각한 듯합니다. 저희 집에 친척이나 누가 오면 꼭 자고 가라고 붙들곤 해서 어머니가 난감했던 일이 한두 번이 아니라고 했습니다. 사람으로 인해 울고 웃습니다. 집에서 애완견을 키워도 주인을 배신하지는 않습니다. 그러나 사람은 정을 준만큼 많은 상처가 돌아오곤 합니다. 사람을 만나고 부딪치고 상처를 받아도 또 시간은 화해의 손길을 주곤 하지요.

- 시인이 가져야 하는 기본적인 소양 같은 게 있다면 어떤 걸까요?

글을 쓰는 사람은 문학인으로서의 글과 그 사람의 됨됨이가 일치한다고 생각합니다. 그러나 때로는 다른 모습을 보았을 때 그 실망과 허탈함이 잔잔한 호수에 돌을 던지듯 큰 파문이 일어납니다. 지나친 욕망은 과유불급을 초래하는 것을 많이 보아왔습니다.

지난번에 우리나라를 방문 하신 교황님께선 '일곱 번 하고도 일흔 번을 용서하라'고 하셨습니다. 저의 친정어머니께서 돌아가시는 날까지 저에게 보여주신 교훈이 '용서'이셨어요. 자신에게 아무리 엄청난 고통을 가하는 사람도 새벽 3시 반에 드리는 기도 속에서 절절이 빌고 계시는 어머니의 모습, 어머니는 살아 계시는 부처님이요, 살아계시는 하느님이셨습니다. 늘 처처불상이라고 하셨거든요. 어디든 곳곳이 다 부처님이라고, 아무리 상처를 깊게 주어도 잘 섬겨야 한다고 누누이 일러 주셨어요.

– 시를 쓰시면서 가장 어려운 점이나 장애물이 되었던 것은 무엇이었나요?

주위에 눈을 감고 싶을 정도로 보기 싫은 일들이 많이 일어났을 때, 그런 걸 자꾸 쓰고 싶은데 쓰면 너무 괴로워서 글을 안 쓸 때가 많았어요.

– 시 한 편을 쓰실 때, 시간이 얼마나 걸리세요?

몇 달이 걸릴 때도 있으며 어떤 시는 해를 넘겨도 마음에 안 찰 때가 있어요. 거르고 걸러도 그 시가 맘에 안 들어서. 그리고 어떤 때는 버스를 타고 가다가 금방 글이 나와서 시 한 편이 완성될 때도 있어요. 시를 오래 잡고 있는다고 되는 것도 아니며, 금방 썼다고 해서 나쁜 시가 되는 것도 아니라고 생각해요. 시인이 아무리 우려나서 잘 써도 독자에게 감동을 주지 않으면 그건 좋은 시가 될 수 없지요. 그렇다고 해서 시를 쓰는 사람이 독자에 영합해서 독자가 좋아하는 시만 쓰는 것도 문제라고 생각합니다.

- 시를 쓸 때 머릿속에서 한참 구상을 하다가 한 번에 쓰는 사람도 있고, 여러 번 고쳐 쓰는 사람도 있는데, 어떻게 하는 편이세요?

구절이 확 떠올라요. 길을 가다가도 구절이 확 떠오르면서 막 쓰고 싶어요. 그런데 펜을 들고 쓸 수 없을 때 많이 놓치지요. 구절을 읊조리며 집에 당도하자마자 옮겨 쓸 때도 있지만 머릿속이 하얗게 변색되어 한 자도 생각 안 날 때도 있습니다. 조병화 시인님께선 마분지를 잘라 양복 주머니에 넣고 다니시며 그때그때마다 적는다고 혜화동 사무실에서 말씀 하시던 모습이 생각납니다. 그러나 세상에 내놓기까지는 두고두고 추고를 해야 합니다. 글은 나의 얼굴이나 진배없으니까요.

- 자작시 중에서 아끼는 시 한 편을 낭송해주세요.

산행 · 1

흔들리지 않은 네게
다가가는 건
아직 내가 흔들리고 있기 때문이다

눈감고 있는 네게
다가가는 건
이미 못 볼 것 많이 보았기 때문이다

귀 닫고 있는 네게

다가가는 건
아직 못다 한 말 가슴에 타고 있기 때문이다

침묵하는 네게
다가가는 건
견딜 수 있는 용서 알았기 때문이다

먼발치
목을 빼고 올려다보기엔
너의 짐작 못한 반란 너무 우렁차
네 안에 뿌리내리는
한 가닥 잡풀로 서고 싶어

아직도
비틀거리지 않는 네게
다가가는 건
티끌만한 몸
다스릴 수 없이 비틀거리기 때문이다.

제목은 '산행'이라고 지었지만 이건 굉장히 함축된 말이에요. 산은 말하지 않고 우뚝 서 있는 것이지요. 내가 뭔가 응어리진 게 있는데 사람에게 다 말하지 못할 때 산에게 찾아 가서 메아리 없이 털어놓는다고 생각합니다. 응답은 없어도 말없이 품어주니까요.

– 선생님께서 좋아하는 다른 시나 시인이 있으세요?

좋아하는 시가 많이 있는데, 어릴 때는 김소월 시를 참 좋아했어요. 김소월 시 중 「초혼」을 특히 좋아합니다. 지금도 양재천 둑길을 걸을 때면 늘 「초혼」을 소리 내어 낭송하기도 합니다. 윤동주, 노천명. 한용운 시인의 詩를 노트마다 옮겨가며 외우고 괴테, 릴케, 사라·티이스테엘, 타골, 마리로오랭생, 파블로, 네루다와 예세닌의 시도 참 좋아했어요.

이별 그리고 연습 · I

발걸음 잡아두고 싶었다
태평양 저 건너 우리나라엔
한밤중이 내릴 건데
정오의 뉴욕 공항에 너를 두고
에미의 눈물로 발걸음을 뗐다
헤어짐의 고통은
가슴 속에서 내뿜는 피를 말리는 거와 같아
자꾸만 자꾸만
일그러지는 얼굴을 감쌌다
한 발로 서서 뛰는 고통의 홀로서기
칠흑 같은 어둠 속에서 불을 밝히면
정지된 어둠을 밀치고 밝아오는 주위처럼
훤히 알고 있는 속내인데
나는 너와의 이별에
이 세상 끝남의 슬픔을 씹었다
비 내리는 J.F. 케네디 공항의 활주로에서
KE082편 비행기는 정해진 시각에 이륙했다.

– 시 「이별 그리고 연습· I 」을 보면 '뉴욕 공항'과 '케네디 공항'

이 나오는 것으로 봐서 미국인 것 같은데, 거기에 얽힌 이야기를 좀 해주세요.

아들이 서울에서 대학을 졸업하고 미국에 장애인 재활체육의학을 공부하러 갔어요. 아들을 타국에 놔두고 올 때 그런 마음이 들었어요. 불확실한 미래가 첩첩산중같이 놓여 있었고 아직 국내에서는 미개척 분야라서 부모된 마음은 많은 걱정이 앞섰지요. 지금은 미국에서 석사, 박사를 다 끝마치고 샌프란시스코 주립대학에서 가르침의 세계를 구축하고 있으며 착한 며느리와 영준, 영민의 두 손자까지 두었습니다. 이 시를 쓸 때는 결혼 전의 아들이 짊어져야할 미래에 대한 불안과 두고 오는 아쉬움이 가슴 터질 듯 가득했던 그날을 저의 제2시집 『촛농의 두께만큼』에 실렸던 것입니다.

-「어머니」 연작시가 있잖아요. 어머니의 부재에 대한 안타까운 마음을 담은 사모곡이 많은데, 모티프를 어머니로 잡은 특별한 이유가 있으세요?

물론 어머니가 다 소중하고 이 세상에서 가장 귀한 존재이지만, 우리 어머니는 특별한 분이라고 생각해요. 가장이 집안을 훌륭하게 이끌어주는 가정이 아니고 6남매 중 삼남매를 잃어가면서도 생활전선에서 최선을 다하신 어머니. 우리에게 힘든 내색이나 눈물 한번 보이시지 않으신 분입니다.

그런데 참 묘한 것은 그렇게 바깥생활을 즐기시던 아버지가 병환의 몸으로 돌아오셨지만 어머니는 한마디 불평 없이 나약해지신 아버지를 받아들이신 겁니다. 돌아가시는 그날까지 정성을 다해 간병을 하신거지요.

- 그 이야기를 「집」이라는 시에 쓰신 거죠? 아까 말씀하셨던….

네, 맞아요. 내가 첫 애를 낳을 무렵에 아버지가 돌아가셨는데, 어머니가 눈물 흘리시는 것을 그때 처음 봤어요. 한 번도 눈물을 흘리지 않은 분이 끈끈한 부부의 야속한 연(緣) 때문이었을까. 살아생전 한 번도 여쭤보지를 못했어요. 아버지의 임종을 지켜보신 어머니는 울음을 삼키고 있는 우리에게 절대로 울지 말라 이르셨어요. 그러면 아버지의 혼령이 제대로 좋은 곳으로 못 가신다고 하시면서. 매사에 대천 한바다 같이 깊고 넓은 통이 크신 어머니는 대인이셨습니다.

집

툇마루에 앉은 햇살 때문에
마당이 더 눈부시던 집

늦가을이면 석계에서 내려온
일용할 양식이 마루 켜켜로 쌓아지던 집

동래에서 시집 온 올케언니는
부지런히 키를 잡고
일 년 살 먹거리를 치던 집

아버지의 그늘이 좀처럼 드리워지지 않고

늘 참을성 있는 꽃만 무성히 피고 지던 집

그러나 방랑의 바람을
부챗살처럼 접고
뒤늦게 돌아오신
깊은 병환의 아버지 곁에
망설임 없는 낯선 여인네의 발걸음까지
함께 따라 들어오던 집

대천 한바다보다 더 넓고 깊게
어머니의 관용과 포용이 껴안던 집

끝내 죽음의 마지막 길에선
어머니의 손길에
온몸을 맡기시던 아버지

막다른 골목집 대문간에
조등(弔燈)이 걸려지고

늘 집 비우실 때보다 더
참담한 슬픔이 가슴을 도려낸
석류가 영글던 시월상달의 그 집

추억은 결코 아름다운 기억과는 상관없이
울컥울컥 솟구치는 그리움으로 불을 뿜는다

그러면 나는 어느새
나를 키워 준 부평동(富平洞)의 딸로 돌아가고 있다.

늘
- 어머니 · 2

늘 일상이었음 싶다
늘 삼키는 물이었음 싶다
늘 걸치는 옷이었음 싶다
늘 피어 있는 꽃이었음 싶다
늘 갠 하늘이었음 싶다
늘 잠자는 바다이었음 싶다
늘 살아 있는 우주이었음 싶다.

- 어머니 연작시 중에 「늘」에서 보면 '삼키는 물, 걸치는 옷' 등이 말 그대로 일상적인 거잖아요. 그럼 이것의 주어는 어머니가 되는 것인가요? 어머니의 존재가 늘 내 곁에 있었으면 좋겠다, 이런 것을 뜻하나요?

나는 우주도 어머니라고 바라봅니다. 그리고 사실 어머니가 나의 모태이며 어머니가 안 계시면 내 모든 건 존재할 수가 없지요. 우주가 생성되었기 때문에 우리가 존재하며 이 우주가 없으면 어떻게 되겠어요. 그래서 나는 어머니를 우주라고 생각합니다. 지금도 어머니는 사방에서 피어나는 아름다운 꽃이며, 늘 푸른 하늘이며, 저 넓은 바다에서, 위태롭게 이 세상을 걸어가는 저를 지켜주시리라 믿고 있습니다.

- 어머니 연작시 세 번째 「세상살이」에서 '모서리 없는 당신의 마음 펴보고 싶습니다'라는 구절이 좋았어요. 어머니에 대한 부드

럽고 온화한 기억을 갖고 계신지 궁금해요.

'강인하다'면 보통 모서리같이 튀어나오고 쭈뼛하다고 생각할지 모르겠지만, 우리 어머니는 눈물도 안 보이며, 힘들다는 걸 한 번도 내색 안 하신 강인하신 분입니다. 학력도 없는데 어디에서 그런 옳고 그름의 원칙과 탐, 진, 치를 늘 일러주셨을까 생각해 봅니다. 아마도 통도사 산사에서 닦은 불심이 원조가 아니었나 싶습니다. 어린 시절 기도드릴 때마다 저를 데리고 가셨습니다. 나중에는 처처불상 원불교를 지극정성 믿으시며 법사위까지 오르셨습니다.

– 어머니에 대한 모든 것들이 굉장히 각별하신 것 같아요.

내 모든 것은 우리 어머니한테서 태어났다고 생각합니다. 시심도, 시를 쓰는 마음도, 어머니처럼 큰 마음자리에는 못 따라 가지만 어머니의 그림자 가장자리에서 흉내라도 내보고 싶을 따름입니다. 또 한편 생각하면 우리 아버지가 참 고맙다고 생각이 듭니다. 가정에만 충실한 아버지셨다면 내가 시를 썼을까? 나한테 그런 아픔이 있었기 때문에 시를 쓰지 않았을까 하는 생각이 가끔 들 때도 있습니다.

– 혹시 봉사활동도 하시고 그러세요?

어머니 돌아가신 뒤 성당에서 가톨릭 영세를 받고 레지오 활동과 장애인들, 아이큐 50도 안 되는 사람들을 만난 적이 있어요. 오류동까지 개포동에서 차를 몇 번씩 바꿔 타면서 다녔지요. 활동을 몇 년씩 하면서 나한테 오는 기쁨은 이루 말할 수가 없었어요. 오류동에 가면 장애인들이 다 쓰러져가는 판잣집 같은 곳에서 살고 있었어요. 우리가 가면 반갑다고 라면을 끓여 주는데 처음에는 젓가락을 들기가 힘들었어요. 그 사람들하고 먹기가 어쩐지 꺼림칙해서. 그래도 '하느님 말씀을 전한다면서 이러면 안 되지.'라고 마음을 고쳐가며 젓가락을 들고 같이 먹는 시늉을 했어요. 그런데 그걸 한 번 가고 두 번 가고 세 번 가고 하니까 나중에는 서로 마음을 다해 끌어안고 어루만져주곤 했지요. 봉사활동을 하면서 나보다 못한 사람이 많고, 불행한 사람이 이 세상에 참 많구나 생각했어요. 우리 아들이 장애인 재활체육의학을 공부한다고 할 때 한때는 반대했던 게 부끄러워졌어요. 미국에서 거리를 지날 때 아들이 가르치고 돌보는 휠체어 탄 장애인들이 저 멀리서 아들을 알아보고 두 손을 번쩍 들고 '미스터 달, 달(아들의 중간 이름)' 하며 달려오면 그 장애인의 눈높이에 맞추느라 아들은 바닥에 끓어앉아 안아주며 대화하는 모습이 내 아들 같지가 않았습니다. 먼 이국땅에서 아들의 이런 아름다운 모습을 발견할 수 있다니 한동안 가슴이 먹먹해졌습니다.

– 마지막으로, 저희가 문학에 관심을 갖고 공부하고, 좋은 시를 읽고 써보고자 노력하는데 저희 같은 후배들을 위해서 한 마디 해주셨으면 좋겠어요.

글을 쓰고 싶으면 마음껏 쓰라고 일러주고 싶어요. 글은 거짓으로 나오는 게 아니니까요. 내심의 요구가 있기 때문에 또 표출함으로써 일말의 성취감과 무한한 행복감 때문에 지금까지 글을 쓰고 있는지도 모르겠어요. 남의 글도 많이 읽으면서… 글 쓰는 사람들은 감성이 다르기 때문에 글을 쓴다고 생각합니다. 일반 사람들보다 글을 쓰는 사람은 감성이 몇 배로 발달돼 있기 때문에 그것을 절대로 억제하지 말고 매순간마다 꺼내 쓰시기 바랍니다.

기억도 어느 순간 하얗게 쇠퇴하기 때문에 매순간마다 기록이 중요한 것 같습니다. 나중에 기록을 보면 언제 이런 것을 느꼈을까 싶게 스스로 놀라기도 합니다. 무엇이든 속에서 끄집어내어 써야 합니다. 쓰는 것도 훈련입니다. 매순간마다 떠오르는 감정을 기록으로 남기시면 좋을 듯합니다. 많이많이 쓰시기 바랍니다.

끝으로 저의 『시문학』사 신인상 등단작품 「아버지의 가을」과 현대시인상 수상 작품 「적막에 들다」를 소개해 드리겠습니다.

아버지의 가을

이맘때쯤이면 반드시
말없이 떨어져 누운 아버지의 가을을 본다

갈잎을 훑어내는 하단(下端)바람
버선발로 다가서는 내 아버지의 얼굴
낡은 흑백 사진 너머에서 누렇게 타고 있다

마른 덤불 속에서 태어나
젖어버린 샛강
뱃전에 부서지는 물보라에
마감한 목숨

차압당한 장년기는
정작 아내가 뿌려주는 눈물로 만장을 둘렀다

아버지는 흩날리는 뼛가루가 되고
보채는 수면의 눈꽃으로 달래면서
닳아지는 살보다 더 소중한 눈빛
다 어디에 두고
눈 흘김 없이 토라져 홀로 누웠는가

해마다 이맘때쯤이면 언제나
서걱서걱
갈바람 몰아 와
일어서는 아버지의 가을을 만난다.

적막에 들다

적막이 적막 속으로 파고 든다
적막의 껍질을 깨고 들어선 적막이
다시 고요해졌다
나무는 잎사귀마다
진초록 물을 그득하니 머금고
가끔 기침을 한다
그 때마다 적막이 잠시 흔들렸다
길섶 마타리, 산초, 달맞이꽃, 개망초
좁쌀풀, 달개비, 갈퀴나무들이 줄 지어 서 있다
앞서거니 뒤서거니
호랑나비가 길을 터주는
이천 양돈 연수원 팔월의 오솔길

가끔씩 내뱉는 내 숨결에
적막이 화들짝 놀라
가슴을 쓸어 내린다
발자국 소리만
내 뒤를 자꾸만 따라 온다.

- 지금까지 좋은 말씀 해주셔서 감사드리고, 인터뷰는 여기서 마치도록 하겠습니다. 고맙습니다.

끝내는 말

- 전수옥

아침에 눈을 떠서 길을 걸을 때 향긋한 꽃내음과 청량한 나무향이 코끝을 스칠 때면 마음까지 편안해진다는 것을 느낄 때가 있다. 가끔씩 책을 읽다가도 좋은 시 한 편을 발견하면 이처럼 머리가 맑아지는 기분을 느낄 때가 있었고 그 시를 잊고 싶지 않아서 작은 수첩에 적어 놓기도 했던 기억이 난다.

시의 소재는 아주 사소한 일상에서 느끼는 감정들이었는데 나는 무심코 지나쳤던 것들을 시인은 풍부한 감수성으로 글로 잘 표현해 내고 있었다. 자신이 느끼고 겪은 감정이 있다 하더라도 막상 글로서 자신의 심정을 드러내기란 쉽지 않은 일인데 시인들은 그것을 글로서 정확히 몇 개의 단어로 표출해 내는 것을 볼 때면 참 대단하다는 생각이 든다. 아마도 많은 시간과 퇴고의 과정 끝에서 얻어지는 시인의 생명력이 담긴 작품이 '시'가 아닐까 생각해 본다.

이번 시인에 관한 탐방을 하면서 가장 기억에 남는 것은 김선진 시인이 읊어주신 「산행」이라는 시의 한 구절이 머릿속에 떠오른다. '흔들리지 않는/ 네게 다가가는 건// 아직 내가/ 흔들리고 있기 때문입니다.'

나는 가장 많은 생각을 하게 되었다. 개개인의 상황과 감정에 따라 다르게 느껴지겠지만 이 구절은 나로 하여금 많은 생각을 하게 해주었다. 4학년이 된 지금 많은 선택의 기로에 서서 무엇을 해야 할지 고민하고 흔들리는 모습에서 흔들리지 않는 것에 기대어 중심을 잡고 싶다는 지금의 상황이 이 구절을 통해 깊은 공감을 일으켜 가장 머릿속 깊이 남게 되었다.

평이한 일상생활 속에서 그냥 지나쳤던 그런 일들이 글로 표현되어 깊은 공감대가 형성되고 많은 감동을 주는 글들을 볼 때면 자신도 모르게 내 감정이 정화되는 것 같고 한동안 순수한 어렸을 적의 모습을 되찾을 때도 있는가 하면 복잡했던 생각들이 하나씩 정리되어가면서 편안해짐을 느끼게 되는데 이것이 바로 시가 가지는 매력이 아닐까.

- 강미경

시인을 만난다는 것. 지금의 나로서는 그만한 자격이 갖추어지지 않았다는 생각도 들었기 때문에, 혹시라도 실수하지 않을까 많이 걱정하기도 하고 긴장도 했다. 하지만 인터뷰 장소에 도착하는 순간, 내 눈에 들어온 건 딱딱한 표정의 시인님이 아니라, 부드러운 미소를 머금은 시인님과, 시인님께서 준비해주신 먹음직스러운 빵들이었다. 시인님께서는 인터뷰가 점심에 있어서 행여 식사라도 거르고 오진 않았을까 하는 생각에 빵을 준비해주신 것이다. 그렇게 인터뷰 하는 동안도 긴장하는 우리를 향해 부드러운 미소를 보여주신 시인님의 배려덕분에 무사히 인터뷰를 마칠 수 있었다.

녹음과 사진을 담당한 나는, 이쪽저쪽으로 오가며 사진도 찍어야 했고 또 녹음기를 부담스러워 하시는 걸 느끼면서도 어쩔 수 없이 시인님 앞에 가져다 놓아야 했는데, 시인님은 죄송해 하는 나를 배려해 주시면서 기꺼이 포즈도 취해 주시고, 녹음기 위치도 잡아주셨다. 과제를 위해 작품을 조사하고, 또 직접 시인님과의 대화를 통해 깊이 있는 이야기를 나눈 것은 정말 소중한 경험이 된 것 같다. 앞으로 기회가 있으면 시인님과 다시 만나 여러 이야기를 나누고 싶다.

- 손보희

인터뷰의 분위기가 전체적으로 따뜻했던 것 같다. 어머니처럼 질문 하나하나에 성심 성의껏 대답해주시고, 우리의 여러 가지 사정들도 배려해주시는 모습에 그런 분위기가 자연스럽게 만들어진 것 같다. 조금은 세상과 동떨어진, 우리와는 조금 다른 느낌일 것 같았는데, 소박하게 한 가정을 이루어 자녀들을 사랑하고 아끼며 남편을 공경하는 평범하신 분이었다.(그래서 더욱 어머니 같고 이모 같은) 외람된 표현일지도 모르지만, 시인님의 인상이 동그란 원처럼 모난 곳이 없으셔서 그런지 긴장했던 마음들이 조금은 편안해질 수 있었다.

커피숍이 약간 소란스럽고, 번잡하긴 했지만 우리들은 그러한 소음에 흔들리지 않고 우리만의 공간을 잘 만들었던 것 같다. 처음엔 잘 적응하지 못했지만, 일상적인 대화를 나누고 학교생활이나 여러 가지 공감할 수 있는 것들을 이야기해서 그럴 수 있었다. 소파가 옹기종기 모여 앉을 수 있게 배치되어 시인님과도 더 가까이 앉게 되어서 처음 뵌 분이지만 가깝게 느낄 수 있었다. 우리들을 보시면서 다정다감하게 말씀하시고 웃으셔서 가까이 앉았지만 그것이 어렵고 불편하지 않았다. 그로인해 물 흐르듯이 최대한 자연스럽게 진행하고자 했던 우리들의 마음이 잘 전달되었고, 그래서 전체적인 분위기를 안정적으로 만들었던 것 같다. 가족적인 분위기였다. 자신의 생각과 세계가 틀에 맞춰져 정해져 있을 것만 같은, 그래서 인터뷰를 하면 마치 우리가 그 세계로 들어가야만 시인님도 만족스럽고, 우리도 만족스러운 대답을 들을 수 있을 것 같은 '시인'에 대해 가지고 있던 고정관념이 깨질 수 있던 시간이었다. 시인님께서 솔직한 마음을 그대로 드러내 주시고, 아픔들과 상처들도 거리낌 없이 우리를 위해 내어놓으시는 모습이 '솔직하신 분이구나'라는 느낌보다는 '자유로우신 분이구나'라는 느낌을 더 받게 했다. 시를 먼저 읽고 시인님을 찾아가서 그런지, 시를 통해나 혼자 그려봤던 나만의 이미지가 있었는데 어떤 면에서는 그 이미지와 잘 어우러지고, 어떤 면은 또 굉장히 달랐던 것 같다. 평안히 잘 다듬어진 분위기를 만드시는 분이었다. 항상 좋은 말씀만을 들려주시던 시인님의 어머니에 대한 존경과 사랑, 아버지가 주는 상처로 인한 짙은 외로움. 육친에 대한 애증이 깊어 인간에 대한 사랑으로 시를 썼다는 말씀이 인상 깊어 집에 돌아와 시를 다시 읽어보니 시인님의 마음이 묻어나는 것 같았다. “여러분은 감성이 다르다. 그 감성을 억제하지 마라.” 시인님의 말씀이 마음에서 요동치는 것 같았다. 그것이 나의 감성이라면 시와 시인님을 알고자 마련한 그 자리에서 새로운 나를 발견한 시간이 되었기에 더욱 뜻 깊다.

- 조혜진

처음 과제를 받았을 때는 두려운 마음이 앞섰다. 시인을 만난다는 것은 국문학에 입문한 지 얼마 안 된 나에게는 쉬운 일이 아니었고, 굉장히 높은 세계에 있는 분 같아서 긴장을 많이 했던 것이다. 현대시 수업을 통해 처음 만난 학우들과 같은 조가 되고 얼떨결에 조장이 되어서 부담감은 더 가중되었다.

시인님과 전화 통화를 한 날, 시집을 받으러 간 날, 인터뷰를 하러 간 날 모두 한시도 긴장을 늦출 수 없었다. 처음 전화를 걸었을 때에는 굉장히 깐깐한 분일 거라고 생각했는데, 두 차례 만나면서 그런 생각은 없어지고, 우리를 손녀처럼 챙겨주시는 따뜻한 모습에 감동받았다.

인터뷰 중 개인적인 이야기부터 시작해서 시와 문학에 대한 철학을 낱낱이 말씀해주셔서 얻은 것이 많다는 생각이 든다. 국문학도로서 문학에 대해 더 깊이 생각해보고, 글을 많이 써보아야겠다는 생각을 했다. 시인님 자택에서 인터뷰를 진행했으면 더 좋았을 것 같다는 아쉬움과 더 길게 이야기를 나누지 못한 것에 대한 안타까운 마음을 뒤로 하고 김선진 시인님과의 인터뷰를 정리했다.

인터뷰에서 시인님의 말씀을 듣고 난 뒤 집에 돌아오는 길에 시집을 다시 읽어보았는데, 시의 내용이 시인님의 개인사와 겹쳐지면서 가슴이 저린 느낌을 받기도 했다.

학교에 다니면서 이렇게 '살아있는' 과제를 부여 받고 수행한 적이 별로 없었던 것 같다. 특별한 시간을 선사해주신 조병무 교수님과 인터뷰에 성의를 다해 응해주신 김선진 시인님께 감사드린다.

- 김희성

어떤 직업을 가진 사람과 인터뷰하기는 작년에 이어 두 번째였다. 인터뷰 경험이 한 번 있기는 했어도 막상 또 다시 인터뷰를 하려니 긴장되기는 매한가지였고, 더군다나 수업을 듣는 현대시 감상과 연관 있는 시인과 인터뷰를 하려니 긴장이 더하면 더했지 풀리지는 않는 것이었다. 게다가 그 전날 체해서 몸 상태도 좋지 않았다. 당일 오후에 병원에 다녀와서 바로 약속 장소로 간 나는 미리 사람들과 만나 대화를 하고 질문 내용에 관해 이야기도 하였다. 두 시가 되어 약속장소로 간 우리, 그리고 걱정했던 만큼 떨리거나 긴장 있는 자리는 아니었다. 생각한 것보다 시인은 훨씬 자애로운 표정이셨고, 만난 지 채 얼마 되지 않았지만 우리의 마음을 편하게 해주시려는 기색이 역력하였다. 그에 힘입어 우리는 자연스럽고도 자유로이 의견을 교환하였고, 그분에게서 시에 대한 것들 그리고 자세라든지 하는 것들을 많이도 배운 하루였다. 시인과의 인터뷰, 잊지 못할 하루가 되었다.